转型财务BP

从核算会计到财务精英

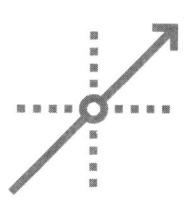

刘洋◎著

中国铁道出版社有限公司
CHINA RAILWAY PUBLISHING HOUSE CO., LTD.

北京

图书在版编目（CIP）数据

转型财务 BP：从核算会计到财务精英／刘洋著. — 北京：中国铁道出版社有限公司，2024.8
ISBN 978-7-113-31224-4

Ⅰ.①转… Ⅱ.①刘… Ⅲ.①财务管理-研究 Ⅳ.①F275

中国国家版本馆 CIP 数据核字（2024）第 091557 号

书　名：	转型财务 BP：从核算会计到财务精英
	ZHUANXING CAIWU BP：CONG HESUAN KUAIJI DAO CAIWU JINGYING
作　者：	刘　洋

责任编辑：	王　宏	编辑部电话：(010)51873038　　电子邮箱：17037112@qq.com	
封面设计：	仙　境		
责任校对：	苗　丹		
责任印制：	赵星辰		

出版发行：	中国铁道出版社有限公司（100054，北京市西城区右安门西街 8 号）
印　　刷：	三河市宏盛印务有限公司
版　　次：	2024 年 8 月第 1 版　2024 年 8 月第 1 次印刷
开　　本：	710 mm×1 000 mm　1/16　印张：13　字数：167 千
书　　号：	ISBN 978-7-113-31224-4
定　　价：	69.80 元

版权所有　侵权必究

凡购买铁道版图书，如有印制质量问题，请与本社读者服务部联系调换。电话：(010)51873174
打击盗版举报电话：(010)63549461

前言

近年来,财务业务伙伴(business partner,简称 BP)忽然火了起来,很多大型企业都将财务 BP 作为重要岗位高薪招聘人才入职,月薪普遍在 2 万~3 万元甚至以上,而传统财务会计月薪却只有几千元……为什么财务 BP 和财务会计前面都带"财务"两个字,月薪却相差这么多呢?原因是企业在招聘人才的时候,岗位薪资的多寡,往往取决于这个岗位能够给企业创造多大的价值。

财务 BP 打破了"账房先生"的饭碗,最擅长的是"业财融合",每天要做的工作就是参与到业务和管理中去,进而用财务思维帮助企业提升利润、降低风险,所以财务 BP 这个岗位逐渐在各个企业中普及,可以说是大势所趋。

本书内容以财务 BP 为核心,系统全面地阐述了如何从一名普通财务人员成长为具有战略价值的财务 BP。读者通过阅读此书将获得以下显著收获:

(1)职业发展路径与薪酬预期:第 1 章揭示了财务 BP 的岗位职责、薪酬水平和广阔的发展前景,并构建了一套"双十一"+"五"的硬核能力体系,为读者提供了清晰的职业成长路径。

(2)企业经营管理的全方位支撑:第 2 章详尽介绍了财务 BP 如何通过

打造全面预算管理体系、精准的财务分析体系、全员参与的绩效管理体系及安全合规的制度管理体系,有力支持企业的高效运营与决策。

（3）对业务部门的专业赋能:第3章深入剖析了财务BP如何在商务活动(合同风险防范)、销售活动(产品定价策略)、生产活动(成本管控三步法)及运营活动(营运资金管理)等方面提供专业财务视角的解决方案。

（4）对经营决策的关键支持:第4章着重阐述了财务BP在项目投资决策、团购业务决策、敏感性分析决策、项目保本点决策及资源分配决策中发挥的重要作用,助力企业做出明智的战略抉择。

（5）对沟通艺术的提升:第5章专注于财务BP的沟通技巧,指导读者如何有效地与上级领导、平行部门及部门下属进行沟通,进一步凸显财务BP作为桥梁的角色,推动跨部门协作和信息流通的重要性。

这不仅是一本财务BP实务操作手册,更是一部帮助财务人员拓宽视野、提升技能、实现职业跃迁的实用指南。全书采用实际案例解析的方式,帮助读者快速树立管理会计的思维逻辑,掌握财务BP的常用工作思路、方法和工具,实现想要快速转型的学习目标。

无论是对于希望转型或深化财务管理工作的专业人士,还是对于寻求提高财务管理水平的企业领导者来说,本书都极具参考价值和实践意义。让我们一起来挑战前途似锦的财务BP岗位吧！

刘　洋

目 录

第 1 章 如何成为一名财务 BP 1

1.1 岗位职责 2

1.2 薪酬揭秘 3

1.3 发展前景 4

1.4 硬核技能构建:"双十一"+"五"能力体系 4

1.5 管理会计、业财融合和财务 BP 之间的关系 6

第 2 章 财务 BP 对企业经营管理的支撑 7

2.1 构建提质增效的全面预算管理体系 8

    2.1.1 全面预算体系的建立 8

    2.1.2 预算管理组织体系 10

    2.1.3 预算管理制度 12

    2.1.4 预算编制手册 21

    2.1.5 预算编制套表 44

2.1.6　预算编制时间表 ·· 45

2.2　搭建精准的分析报告体系 ·· 46

　　　2.2.1　分析报告的三种不同类型 ···································· 46

　　　2.2.2　经营分析信息收集机制 ······································ 53

　　　2.2.3　经营分析报告框架 ·· 54

2.3　打造让全员"奔跑"的绩效管理体系 ····································· 56

　　　2.3.1　阿米巴模式激发全员动能 ···································· 56

　　　2.3.2　绩效指标如何分解落实 ······································ 59

　　　2.3.3　绩效指标体系的设计 ·· 62

2.4　打造安全合规的制度管理体系 ·· 72

　　　2.4.1　财务相关制度的制定依据 ···································· 72

　　　2.4.2　设计适合公司的业务制度 ···································· 75

　　　2.4.3　如何让制度有效运转 ·· 79

第3章　财务 BP 对业务部门的支撑　　80

3.1　对商务活动的支撑：如何防范合同风险 ································· 81

　　　3.1.1　合同签订有哪些风险 ·· 81

　　　3.1.2　如何防范合同的主体风险 ···································· 82

　　　3.1.3　如何防范合同的履约风险 ···································· 83

　　　3.1.4　如何防范合同的财务风险 ···································· 87

3.2　对销售活动的支撑：产品定价如何进行 ································· 90

　　　3.2.1　价格的影响因素有哪些 ······································ 91

　　　3.2.2　制定产品价格的五步法 ······································ 92

　　　3.2.3　发起降价或提价应注意什么 ·································· 96

目　录

3.3　对生产活动的支撑：揭秘成本管控三步法 ……………………… 98
　　3.3.1　用全局观审视成本管控 …………………………………… 98
　　3.3.2　做好事前控制：战略成本管理 …………………………… 101
　　3.3.3　做好事中控制：运营成本管控 …………………………… 121
　　3.3.4　做好事后控制：成本管控考核 …………………………… 124
3.4　对运营活动的支撑：如何平衡营运资金效率和风险 ……………… 128
　　3.4.1　快速掌握营运资金周转规律 ……………………………… 128
　　3.4.2　如何防范公司资金周转风险 ……………………………… 135
　　3.4.3　如何持续提升营运资金管理 ……………………………… 138
3.5　对项目伙伴的支撑：做好项目财务管理工作 ……………………… 143
　　3.5.1　项目财务管理的概念 ……………………………………… 143
　　3.5.2　项目财务管理的管控点 …………………………………… 144
　　3.5.3　项目财务管理的工具 ……………………………………… 146

第4章　财务BP对经营决策的支撑 …………………………………… 154

4.1　如何做好项目投资决策 ……………………………………………… 155
　　4.1.1　项目投资决策的实施步骤 ………………………………… 155
　　4.1.2　如何收集投资决策相关信息 ……………………………… 156
　　4.1.3　制作项目投资决策模型实操 ……………………………… 158
4.2　如何做好团购业务决策 ……………………………………………… 164
4.3　如何做好敏感性分析决策 …………………………………………… 167
　　4.3.1　单价变动对利润的影响分析 ……………………………… 168
　　4.3.2　单价和销量同时变动对利润的影响分析 ………………… 170
　　4.3.3　多个因素同时变动对利润的影响分析 …………………… 172

4.4 如何做好项目保本点决策 ································· 175

4.5 如何做好资源分配决策 ····································· 180

第5章 财务BP沟通能力的突破 ································· 184

5.1 如何与上级领导进行沟通 ································· 185

5.2 如何与平行部门进行沟通 ································· 191

5.3 如何与部门下属进行沟通 ································· 196

第 1 章

如何成为一名财务BP

  财务业务伙伴(business partner,简称财务 BP)是一种新兴财务岗位。作为当代企业 BP 模式下的一个分支,财务 BP 模式下的财务组织,主动将财务管理的触角前置到业务活动中,深入了解业务模式,追踪业务动态,积极促进财务、业务的信息流动;通过组织模式的改变,推进财务跨部门合作的深度,细化财务管理的颗粒度。在经营活动流程的建立、完善、业务经营决策等各项管理活动中,财务 BP 既要理解业务的商业逻辑,又能给出专业的财务评估,让财务业务化、业务理性化,努力促成财务、业务的双向融合,促进组织健康快速成长。新模式的价值实现离不开人才的支持,财务 BP 作为新兴财务岗位,发展前景大、市场需求多、岗位薪资高,是市场的热门职业之一。

1.1 岗位职责

财务 BP 作为连接财务部与业务部的纽带,既要懂财务,又要懂业务。财务 BP 的根本价值是深度了解业务,与业务部进行良好的沟通和配合,助力业务部对财务流程梳理和优化,帮助业务部在前端快速地识别和规避风险,为其提供良好的财务支持和服务,用财务专业为业务部解决问题。

接下来,我们看一份财务 BP 岗位的工作职责说明:

(1)深入业务一线,理解业务部需求,梳理业务线财务流程,规范业务部的审批流程,提高工作效率;

(2)协助业务部建立可量化的关键绩效指标(KPI),跟踪结果,并根据执行情况优化 KPI,提高财务效益;

(3)负责业务部的月度、季度、年度预算,深入了解业务,根据业务的执行情况,提出合理化建议与意见,分析财务事项,向管理团队提供及时有效的财务状况及经营状况分析;

(4)根据业务部发展的需求,了解新业务并建立财务模型,为业务部及公司决策提供有力支持;

(5)根据业务部的需求,改进报告体系,提高财务报告系统的整体有效性,划小核算单元,为业务部的管理提高数字可视度,为决策提供有力支持和分析;

(6)通过审批合同,从财务角度把控业务的经营风险,同时有效控制财务风险及相关营业费用;

(7)对业务部的在施项目进行事前、事中、事后跟踪管理,为项目顺利完成提供即时有效的财务信息。

通过了解财务 BP 的岗位职责说明,我们可以看到,财务 BP 就像一个财务负责人一样，时时刻刻都在围绕着企业业务开展工作。工作虽然忙碌，但是成就感还是满满的。

1.2　薪酬揭秘

企业对财务 BP 的能力水平要求比较高，除了要懂管理会计的实际应用，还要对企业的运营管理有较深的理解，懂得业务知识，会沟通，懂合作……那么，要求这么高，财务 BP 的薪酬究竟怎么样呢？从图 1-1 中可以看

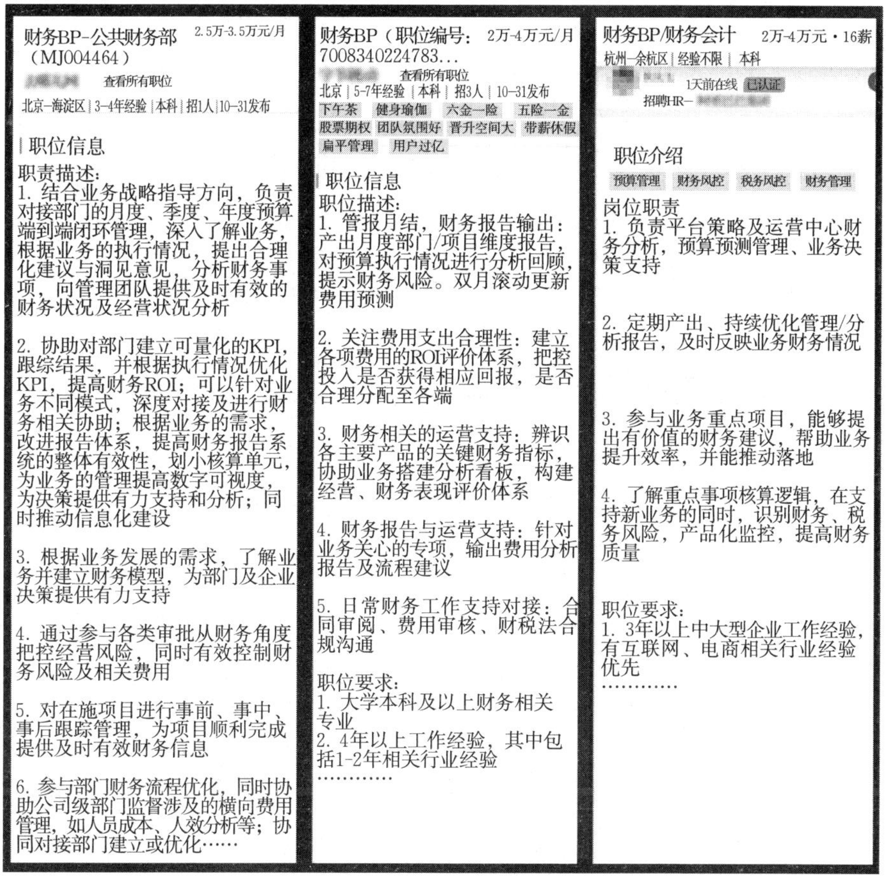

财务BP-公共财务部（MJ004464）　2.5万-3.5万元/月
查看所有职位
北京-海淀区 | 3-4年经验 | 本科 | 招1人 | 10-31发布

职位信息
职责描述：
1. 结合业务战略指导方向，负责对接部门的月度、季度、年度预算端到端闭环管理，深入了解业务，根据业务的执行情况，提出合理化建议与洞见意见，分析财务事项，向管理团队提供及时有效的财务状况及经营状况分析
2. 协助对部门建立可量化的KPI，跟踪结果，并根据执行情况优化KPI，提高财务ROI；可以针对业务不同模式，深度对接及进行财务相关协助；根据业务的需求，改进报告体系，提高财务报告系统的整体有效性，划小核算单元，为业务的管理提高数字可视度，为决策提供有力支持和分析；同时推动信息化建设
3. 根据业务发展的需求，了解业务并建立财务模型，为部门及企业决策提供有力支持
4. 通过参与各类审批从财务角度把控经营风险，同时有效控制财务风险及相关费用
5. 对在施项目进行事前、事中、事后跟踪管理，为项目顺利完成提供及时有效财务信息
6. 参与部门财务流程优化，同时协助公司级部门监督涉及的横向费用管理，如人员成本、人效分析等；协同对接部门建立或优化……

财务BP（职位编号：7008340224783...　2万-4万元/月
查看所有职位
北京 | 5-7年经验 | 本科 | 招3人 | 10-31发布
下午茶　健身瑜伽　六金一险　五险一金　股票期权　团队氛围好　晋升空间大　带薪休假　扁平管理　用户过亿

职位信息
职位描述：
1. 管报月结，财务报告输出：产出月度部门/项目维度报告，对预算执行情况进行分析回顾，提示财务风险。双月滚动更新费用预测
2. 关注费用支出合理性：建立各项费用的ROI评价体系，把控投入是否获得相应回报，是否合理分配至各端
3. 财务相关的运营支持：辨识各主要产品的关键财务指标，协助业务搭建分析看板，构建经营、财务表现评价体系
4. 财务报告与运营支持：针对业务关心的专项，输出费用分析报告及流程建议
5. 日常财务工作支持对接：合同审阅、费用审核、财税法合规沟通
职位要求：
1. 大学本科及以上财务相关专业
2. 4年以上工作经验，其中包括1-2年相关行业经验
…………

财务BP/财务会计　2万-4万元·16薪
杭州-余杭区 | 经验不限 | 本科
1天前在线　已认证
招聘HR-

职位介绍
预算管理　财务风控　税务风控　财务管理
岗位职责
1. 负责平台策略及运营中心财务分析，预算预测管理、业务决策支持
2. 定期产出、持续优化管理/分析报告，及时反映业务财务情况
3. 参与业务重点项目，能够提出有价值的财务建议，帮助业务提升效率，并能推动落地
4. 了解重点事项核算逻辑，在支持新业务的同时，识别财务、税务风险，产品化监控，提高财务质量
职位要求：
1. 3年以上中大型企业工作经验，有互联网、电商相关行业经验优先
…………

图 1-1　财务 BP 薪酬参考

出,企业在招聘财务BP时,给出的月薪可以达到2万~4万元,这个薪酬水平远远高于普通核算会计岗位,可以说是多劳多得,付出和回报较为成正比。

1.3 发展前景

目前,从企业的需求来看,财务BP的前景广阔。主要基于以下三个原因:

(1)传统核算岗位将被财务机器人取代,不需要那么多做核算的人了。

(2)很多企业为了快速响应市场需要,成立业务项目组。业务项目组需要从财务视角,对投资、风控等方面给予建议,帮助达成目标。

(3)企业规范化、合规化管理,以及精细化管理和财务风险控制等方面的需要。

从以上原因看,财务BP不只是正在流行,以后也必将是财务岗位的发展趋势。由于技术的飞速发展,企业需求变化的多样性,对财务人员的综合能力水平要求越来越高。财务BP这类的岗位需求必然是越来越多。

1.4 硬核技能构建:"双十一"+"五"能力体系

笔者对财务BP的素质能力要求总结为"三把刷子"。所谓三把刷子,就是三个维度的能力,即管理会计能力、参与业务能力和支撑能力,此外,管理会计能力有十一项技能,参与业务能力有十一项技能,支撑能力有五项技能,称为"双十一"+"五"。具体内容如图1-2所示。

看完图1-2所示的框架内容,可能有的读者会问:"这么多的技能,可不可以再精简一下,让我们能够快速上手呢?"答案是:可以的。按照华为技术有限公司董事、首席执行官(CEO)任正非先生的说法,财务参与业务可以向三个方向发力,即参与预算预测、参与经营分析、参与项目管理。

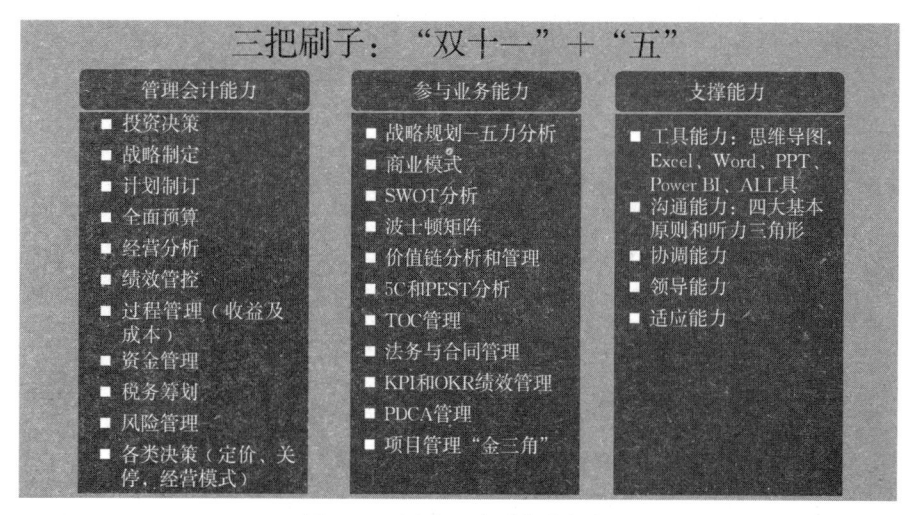

```
三把刷子:"双十一"+"五"

管理会计能力              参与业务能力              支撑能力
■ 投资决策              ■ 战略规划—五力分析        ■ 工具能力:思维导图、
■ 战略制定              ■ 商业模式                  Excel、Word、PPT、
■ 计划制订              ■ SWOT分析                 Power BI、AI工具
■ 全面预算              ■ 波士顿矩阵              ■ 沟通能力:四大基本
■ 经营分析              ■ 价值链分析和管理          原则和听力三角形
■ 绩效管控              ■ 5C和PEST分析            ■ 协调能力
■ 过程管理(收益及      ■ TOC管理                  ■ 领导能力
  成本)                ■ 法务与合同管理            ■ 适应能力
■ 资金管理              ■ KPI和OKR绩效管理
■ 税务筹划              ■ PDCA管理
■ 风险管理              ■ 项目管理"金三角"
■ 各类决策(定价、关
  停、经营模式)
```

图 1-2 财务 BP 素质能力框架

1. 参与预算预测

准确的预测不仅有助于企业做出正确的决策,还可以优化企业的资源配置。财务对业务有效的支持就是从事后走向事前,财务人员必须不断与业务人员沟通才能得出务实的结论。计划是方向,预算是量化,核算是校验,三者互相促进。

2. 参与经营分析

财务人员要主动参与经营分析,透过财务数据挖掘背后的业务原因,指出问题,找出对策,落实责任,到期考核。这么做下来,财务分析便自然突破了财务的范畴。

3. 参与项目管理

传统财务人员要想尽快掌握业务,最好的选择是做项目财务。一个项目相当于一家小型企业的一个完整周期,涉及全面且贴近业务,经历了这样的循环,才可以为传统财务向财务 BP 转型打下基础。

掌握以上这三大方向的能力,便可以帮助我们快速上手财务 BP 的工作了。

1.5 管理会计、业财融合和财务BP之间的关系

管理会计是相对于财务会计的会计分支,职能超出了"账、钱、税、表"的财务会计领域,不是侧重记录报告,而是侧重为企业决策和控制经济活动。岗位范围广,包括财务分析、预算管理、绩效管理、成本管理等。

业财融合是管理会计的一种工作理念和方法,是让财务跟业务人员一起,将日常的经营业务与财务管理结合起来,通过对生产经营各个环节的价值分析与管理控制来实现企业价值的最大化。

财务 BP 实际上是伴随着企业管理职能的需求变化,延伸出的新兴岗位,我们可以借用华为首席财务官(CFO)孟晚舟关于"财务能力"升级的精彩发言,来加深对财务 BP 的理解。

孟晚舟曾说过:"打开作业边界,责任在哪里,我们就在哪里! 打开管理边界,机会在哪里,我们就在哪里! 打开组织边界,人才在哪里,我们就在哪里! 打开思想边界,方法在哪里,我们就在哪里! 打开能力边界,工匠在哪里,我们就在哪里! 传统的财务服务,早已不再是我们孜孜追求的目标。那个驼着背、弯着腰、端着水杯、戴着老花眼镜的账房先生,绝不再是我们的形象代言。正如舒婷在《致橡树》里写的一样,财经组织与业务组织的关系,就像橡树与木棉那样,既相互独立,又相互依偎。"

从上述内容中,我们了解了财务 BP 的工作内容,也了解了财务 BP 的薪酬以及需要的核心能力等。接下来,将具体讲解财务 BP 涉及实际工作时该如何做?

第 2 章

财务BP对企业经营管理的支撑

财务BP为企业经营管理筑牢坚实的基石,确保企业资源得以高效配置;绘制财务分析的蓝图,为决策层提供清晰而深刻的洞察;运用阿米巴模式激发全员的创造力和活力,共同驱动企业破浪前行;构筑坚不可摧的制度管理体系,为企业稳健发展保驾护航。本章将带读者了解财务BP的日常工作,一同探索他们在推动企业持续发展中扮演的关键角色。

2.1 构建提质增效的全面预算管理体系

2.1.1 全面预算体系的建立

预算是管理控制系统的一部分,管理控制系统是世界500强企业普遍采用的管理会计系统,按照"战略规划—运作计划—预算—管控监督—绩效评价"这五个方面进行循环往复,持续提升企业绩效水平,如图2-1所示。

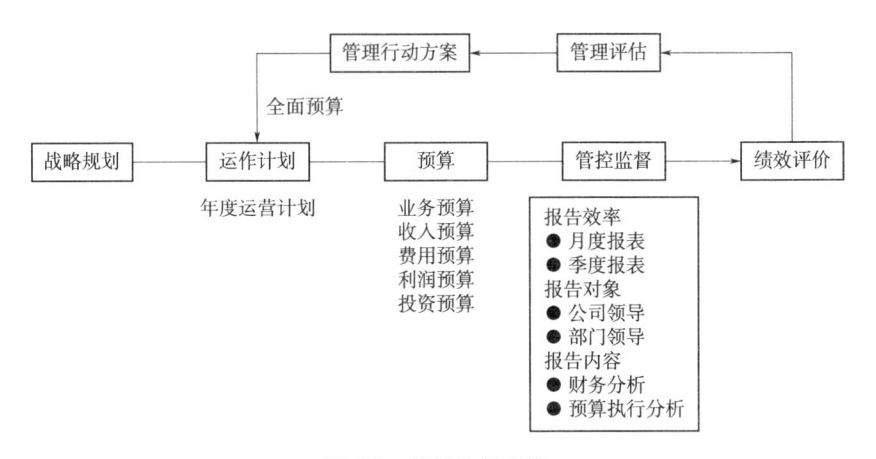

图 2-1 管理控制系统

全面预算管理重在"全"字,它是全员、全过程、全部门的管理活动。当企业规模较小时,往往不用做全面预算,只需要做好资金预算就行了,把收支情况预测清楚,确保企业资金链不要断了就可以;随着企业规模扩大,有了成本管理的需求,这个时候就不仅要做资金预算,还要做成本预算和利润预算,做这些就是为了更好地控制成本,保证企业在业务发展的同时,防止成本失控,确保企业达到一定的收益水平;当企业做到大中型规模时,财务人员数量较为充足,分工比较明确,企业也有足够的管理基础,这个时候就可以做全面预算了。全面预算需要企业一把手牵头,各个部门都要按照职责做出自己的业务和收支预算,财务部代表企业进行汇总后,进行多轮审核,企业管理层对预算方案审核后,予以下发执行。

在编制全面预算之前,我们需要做一些准备工作,主要是做到"四个明确"。

(1)明确方向:企业要先确定战略规划,战略规划要涵盖未来3~5年的企业发展规划,各部门要做到了解企业的战略规划,防止做预算的时候跑偏方向。

(2)明确计划:在战略规划的指导下,企业每年还要结合实际制订年度工作计划,年度工作计划必须目标清晰、举措明确。在年度工作计划确定后,按照年度工作计划确定的目标制定预算,制定时采取市场假设、业务假设、财务假设等方式,这样指向性就更加清晰了。

(3)明确分工:各个单位(集团下属分子公司、责任中心、部门等)要对预算编制的分工内容做到心中有数。

(4)明确要求:财务部要设计好预算编制手册、预算套表、填制说明等,并明确时间要求,在充分开展预算培训后,着手布置和收集预算数据。

全面预算体系的建立一般分三个阶段,分别是:

(1)实施探索阶段,这个阶段的重点是建立全面预算管理机构,建立全面预算规则、制度,设计全面预算表格和建立全面预算文化。

(2)管理改善阶段,这个阶段重在提高预算的准确性和建立考核机制。

(3)持续提升阶段,这个阶段进行信息系统升级和深入业务融合。

这样分三步走,一般是一年一个阶段来推进,可以更加稳妥地将全面预算进行落地。

不管我们在预算的哪个阶段,都要整理一个"4+1"的预算文件体系,以确保全面预算编制工作推进顺利,如图2-2所示。"4+1"的预算文件体系包括:四份文件,指预算管理组织体系、预算管理制度、预算编制手册、预算套表;一个时间表,指预算编制时间表,包括各个时间节点和责任人的时间表。

```
四份文件
■ 预算管理组织体系
■ 预算管理制度
■ 预算编制手册
■ 预算套表
一个时间表
■ 预算编制时间表
```

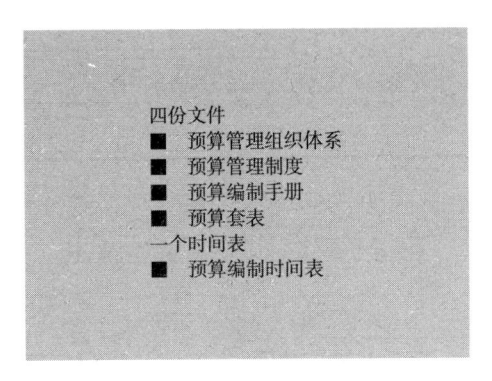

图 2-2 "4+1"的预算文件体系

接下来通过列举实际案例的方式,帮助大家快速掌握全面预算的编制和管理。

2.1.2 预算管理组织体系

全面预算管理的关键是组织,预算不是财务部自己的事情,而是整个企业的事情,所以这个组织必须由一把手亲自挂帅,并成立企业的全面预算管理委员会,预算管理组织架构如图 2-3 所示。

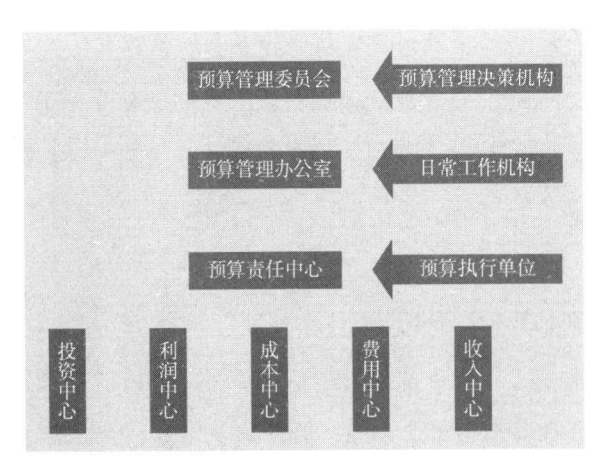

图 2-3 预算管理组织架构

全面预算管理委员会由企业管理层以及各部门或者责任中心等的负责人组成，属于预算管理决策机构；预算管理办公室属于预算管理的日常工作机构，预算管理办公室一般设在财务部；预算执行单位一般指企业各个部门，如果企业内部设置了预算责任中心，也可以指各个责任中心。这里给大家一份"关于成立公司全面预算管理委员会的通知"文件的摘要，让我们一起学习下全面预算管理组织架构是如何确定的。文件内容如下：

关于成立公司全面预算管理委员会的通知

公司各部门：

经研究决定，成立公司全面预算管理委员会，有关事项通知如下：

一、全面预算管理委员会成员

主　　任：公司董事长

副主任：公司总经理

成　　员：公司副总经理、研发部部长、采购部部长、生产部部长、配送中心部部长、行政人事部部长、运营部部长、咨询部部长、经营策划部部长、财务部部长。

委员会下设预算管理办公室和投资计划办公室，均设在财务部，负责公司全面预算管理和计划投资的日常工作。

主　　任：财务部部长（兼）

成　　员：各二级部门部长

二、全面预算管理委员职责

1. 组织制定公司全面预算管理和计划投资管理相关制度；
2. 审议批准公司全面预算管理方案和计划投资具体方案；
3. 审议批准公司全面预算和计划投资管理相关措施；

4. 协调解决公司全面预算管理和计划投资中的重大问题；

5. 根据各二级部门预算管理工作履行职责及考核情况，制定奖惩方案；

6. 听取和监督公司计划投资项目实施落实情况；

7. 审议批准公司预算执行方案。

三、预算管理办公室职责

公司成立预算管理办公室，预算管理办公室常设在财务部，具体职责如下：

1. 组织执行委员会的决议；

2. 负责公司全面预算管理日常工作；

3. 制定公司全面预算管理具体方案；

4. 制定公司全面预算管理相关措施；

5. 组织实施全面预算编制、分解、分析、执行和考核工作；

6. 指导各部门全面预算管理工作；

7. 检查监督各部门全面预算管理工作；

8. 根据各部门每月 20 日前上报的季度和月度资金预算明细表，制订公司年度、季度和月度资金使用计划；

9. 负责公司资金使用计划差异分析工作；

10. 完成委员会交办的其他事项。

2.1.3 预算管理制度

建立全面预算管理组织体系即全面预算管理委员会后，接下来就要制定规则了。预算管理制度要包括哪些方面？想把全面预算工作做好，制度设计方面需要包括如下要点：

（1）要明确主体权责利。明确公司各个责任主体的责权利，各个部门要履行好预算的编制、执行、分析和控制等工作，接受公司的检查、考核，并配合预算管理办公室做好总预算的综合平衡。各部门负责人对本部门预算执行结果承担责任。

（2）建立工作联系。明确全面预算管理中各项工作的先后顺序，理顺逻辑关系。全面预算的编制过程一般按照资源预算、业务预算、经营预算、资本预算、资金预算、财务预算的顺序进行。

（3）明确工作内容。全面预算制度要规定每个节点各个责任主体应该做什么。预算编制的内容包括现阶段公司发展状况的总体评价、公司长期规划的修改和接下来一年公司发展的期望，以及人、财、物的资源配置等。

下面为大家提供一份全面预算制度范本作为工作参考，内容具体如下：

公司全面预算管理办法

第一章 总　　则

第一条　为了促进公司实现发展战略目标，建立现代公司管理制度，推动全面预算管理的实施，强化内部控制，提高经营管理水平和风险防范能力，结合公司实际，制定本办法。

第二条　本办法所称"全面预算"是指公司依据战略要求和发展规划，在预测、决策的基础上对一定期间的经营活动、投资活动、财务活动等做出的预算安排；"全面预算管理"是对全面预算的编制、审批、执行、控制、调整、考核及监督等管理方式的总称。

第三条　全面预算管理的基本任务包括：

（一）根据公司战略目标，确定公司经营目标并组织实施预算计划；

（二）明确公司内部各个层次人员的管理责任和权限；

（三）对公司的经营活动进行控制、监督和分析；

（四）对预算执行情况进行考核和评价。

第四条 全面预算管理的基本原则包括：

（一）量入为出、综合平衡；

（二）目标控制、分级实施；

（三）权责明确、严格管理；

（四）注重效益、防范风险。

第二章 预算管理组织机构

第五条 公司建立全面预算管理委员会。

第六条 公司董事会是预算管理的最高决策机构，负责确定公司年度经营目标和工作计划，审批公司年度预算草案及调整方案、部门费用预算方案及调整方案、预算外项目。

第七条 全面预算管理委员会主要职责包括：

（一）组织制定公司全面预算管理相关制度；

（二）审议公司全面预算管理方案具体方案；

（三）审议公司全面预算相关措施；

（四）协调解决公司全面预算管理的重大问题；

（五）根据各二级部门预算管理工作履行职责及考核情况，制定奖惩方案；

（六）听取和监督公司计划投资项目实施落实情况；

（七）审议公司预算执行方案。

第八条 全面预算管理委员会预算管理办公室设在财务部，主要负责公司预算管理和投资计划管理的日常工作。预算管理办公室职责包括：

(一)组织执行委员会的决议；

(二)负责公司全面预算管理日常工作；

(三)制定公司全面预算管理具体方案；

(四)制定公司全面预算管理相关措施；

(五)组织实施全面预算编制、分解、分析、执行和考核工作；

(六)指导各部门全面预算管理工作；

(七)检查监督各部门全面预算管理工作；

(八)根据各部门每月20日前上报的季度和月度资金预算明细表,制订公司年度、季度和月度资金使用计划；

(九)负责公司资金使用计划差异分析工作；

(十)完成委员会交办的其他事项。

第九条 财务部为实施预算责任部门,负责编制公司年度经营预算、资本预算、资金预算和财务预算等预算方案,并负责汇总年度预算资料。

第十条 经营策划部负责制定公司发展战略,编制公司年度经营资源、工作计划等预算方案。

第十一条 运营部和电子商务部负责市场指标预算。

第十二条 行政人事部负责制定公司人才发展战略,编制人力资源、用人需求计划及人工成本等预算方案。

第十三条 生产部负责料工费等预算。

第十四条 采购部负责采购等预算。

第十五条 研发部负责研发费用等预算。

第十六条 公司各部门均为预算责任部门,负责职责范围内及本部门预算的编制、执行、分析和控制等工作,接受公司的检查、考核,并配合预算管理办公室做好公司总预算的综合平衡。各部门负责人对本部门预算执行结果承担责任。

第三章 预算管理的范围与内容

第十七条 公司所涉及价值形式的经营管理活动都应纳入预算管理，明确预算目标，实现预算控制。

第十八条 全面预算包括工作计划、资源预算、业务预算、经营预算、资本预算、资金预算和财务预算。公司全面预算应当围绕公司的战略要求、发展规划和工作计划，以资源预算和业务预算为起点，以经营预算、资本预算为基础，以经营利润为目标，以现金流为核心进行编制，并主要以财务报表形式予以充分反映。

第十九条 公司编制全面预算应当依次按照工作计划、资源预算、业务预算、经营预算、资本预算、资金预算、财务预算的流程进行。各预算责任部门分别按照其所从事的经济业务类型及其责任权限编制相应的预算。

一、工作计划内容

根据公司战略实施要求、经营态势分析及经营管理要求，分别制订经营计划、管理计划和投资计划。

二、资源预算内容

资源预算是反映拥有人、财、物、技术等重要生产要素数量情况的预算。资源预算包括三种：经营资源预算、管理资源预算、人力资源预算。

经营资源预算是反映与开展经营业务相关的重要设施、设备、场地、技术等资产数量及结构情况的预算。

管理资源预算是反映与开展管理活动相关的重要设施、设备、场地、技术等资产数量及结构情况的预算。

人力资源预算是反映拥有员工数量及结构情况的预算。

三、业务预算内容

业务预算是反映经营业务和管理活动指标的预算。业务预算包括两种：市场指标预算、管理指标预算。

市场指标包括业务量指标、市场份额指标。管理指标包括服务管理指标、安全管理指标、员工管理指标、财务管理指标、资产管理指标。

四、经营预算内容

经营预算是反映日常生产经营活动的资金收支预算。经营预算包括三种：营业收入预算、主要成本费用预算、其他损益预算。

五、资本预算内容

资本预算是反映投融资活动的资金收支预算。资本预算包括两种：投资预算、筹资预算。

六、资金预算内容

资金预算是指公司在预算期内资金需求及还本付息的预算。

七、财务预算内容

财务预算是反映财务总体情况的预算。财务预算包括四种：财务收支预算、现金预算、资产负债预算、财务指标预算。其中，财务指标预算包括财务效益指标预算、资金周转指标预算、发展能力指标预算。

第四章 预算编制

第二十条 公司预算编制的主要依据如下：

（一）国家有关政策法规和公司有关规章制度；

（二）公司经营发展战略和目标；

（三）公司年度工作计划；

（四）公司年度预算编制原则及要求；

（五）公司以前年度预算执行情况；

（六）预算期内经济政策、市场环境等因素。

第二十一条　公司预算编制工作按照"上下结合、分级编制、逐级汇总"的程序进行。

一、确定经营目标

公司董事会根据公司发展战略，在对预算期内经济形势进行初步预测的基础上，确定公司下一年度预算编制原则和要求，提出预算年度的经营目标，包括业务发展目标、营业收入目标、成本费用目标、利润目标和现金流量目标，并确定预算编制的政策。

二、编制上报

各预算责任部门根据预算年度经营目标和政策，结合本部门承担职责及预算的执行条件，按照规定格式编制相应预算方案，并报预算管理办公室。

三、审核平衡

预算管理办公室对各预算责任部门上报的预算方案进行审核、汇总，提出综合平衡建议，并反馈预算责任部门给予修正。

四、审议及上报

预算管理办公室在有关预算责任部门修正调整预算方案的基础上，编制公司预算草案，报全面预算管理委员会讨论，预算委员会讨论修订后，形成年度全面预算草案，提交董事会审议，审议通过后，预算管理办公室将全面预算草案报集团公司审核批准。

五、下达执行

公司董事会批准公司年度预算方案后，预算管理办公室将预算方案进行层层分解,并将预算分解方案及部门费用预算方案下达各预算责任部门执行。

第二十二条 预算编制时间

一、年度全面预算编制工作

公司各部门于每年10月31日前完成所负责编制工作;预算管理办公室20日前完成全面预算方案资料汇总及上报工作。

二、月度资金预算编制工作

公司各部门于每月24日前完成下一个月度资金预算编制工作;预算管理办公室于每月25日前完成季度及月度资金预算方案汇总及上报工作。

第五章 预算执行与控制

第二十三条 预算方案一经下达,各预算责任部门必须认真组织实施,将预算指标层层分解,落实到各环节、各岗位,形成全方位的预算执行责任体系。

第二十四条 公司预算方案作为预算期内组织、协调各项经营活动的基本依据,各预算责任部门应将年度预算细分为月份和季度预算,按时报送月度和季度资金预算,以便分期控制预算,确保年度经营目标的实现。

第二十五条 公司应当强化现金流量的预算管理,做好应收账款管理,及时回收资金,严格控制预算资金的支付,保证资金收付平衡,控制财务风险。

第二十六条 公司建立预算执行情况分析报告制度。各预算责任部门应于每季度规定时间内将预算执行情况分析报告报送给预算管理办公室,作为预算分析和考核的基本依据。

第六章 预算调整

第二十七条 公司正式下达的预算,在预算期内一般不予调整。在预算执行过程中由于市场环境、国家政策或者不可抗力等客观因素,致使预算编制基础不成立,或者将导致执行结果产生重大偏差的,可以调整预算,同时应当履行严格的审批程序。

第二十八条 预算调整程序。

各预算责任部门出现重大漏项,或者由于工作计划调整,临时新增项目的,可按以下程序调整预算:

一、事项审批

预算责任部门提交书面申请报告及相关资料,预算管理委员会审核签署意见后,报董事会审批,审批通过后方可申请年度预算调整。

二、预算系统申请预算调整

事项审批通过后,预算责任部门须办理预算系统调整,调整后方可开支。

第二十九条 对于预算责任部门提出的预算调整事项,公司进行决策时应当遵循以下要求:

(一)预算调整事项不能偏离公司发展战略和年度预算目标;

(二)预算调整方案应当在经济上能够实现最优化;

(三)预算调整重点应当放在预算执行中出现的重要或非正常的、不符合常规的关键性差异方面。对于常规事项产生的预算执行差异,应当责成预算责任部门采取措施加以解决。

第七章 预算考评

第三十条 公司预算管理委员会定期组织全面预算管理考核,必要时可实行预算执行情况内部审计。

第三十一条　公司将从预算编制材料完整性、正确性、资料报送及时性，专项预算控制情况和月度预算执行准确率等方面进行考核，具体指标见表2-1。

表2-1　预算考核指标表

序号	考核指标	指标定义及公式
1	预算资料完整性（20%）	以20分为基础,年度预算材料每缺少一项,扣2分,扣到0分为止
2	预算资料正确性（10%）	以10分为基础,年度预算材料每错误一处或返工一次,扣2分,扣到0分为止
3	预算资料报送及时性（20%）	以20分为基础,年度及月度预算材料每迟报一天,扣1分,扣到0分为止
4	部门月度预算执行准确率（50%）	以50分为基础,$\sum$权重×(各月度实际数÷各月度预算数)×基础分

第八章　附　则

第三十二条　本办法未尽事宜或与国家有关法律、法规及集团公司相关规定相抵触的，按国家有关法律、法规及集团公司相关规定执行。

第三十三条　本办法由公司全面预算管理委员会负责解释。

第三十四条　本办法自印发之日起实施。

2.1.4　预算编制手册

预算编制手册主要是给各责任主体讲解清楚预算编制的方法、表格的填报规则和填报方式。

首先讲解公司层面预算编制的起点。通常来讲，预算编制的起点有以下四种：

（1）以利润为起点。保障经营成果，给预算单位更大的自主权，缺点是可能引发短期行为或过高风险。

（2）以销售为起点。以销定产，是预算编制最基本的模式。收入－成本＝利润。适用处于成长期或者有长期市场的企业预算编制。

（3）以生产为起点。以产定销，能够使得产能最大化。若市场因素考虑不够，产品积压的风险比较高。

（4）以战略为起点。着眼于各级战略，将公司的战略层层分解，将预算和运营计划链接起来。

下面以销售为起点，举例说明整个预算编制的流程和各个环节采用的方法。全面预算表格编制流程如图2-4所示。

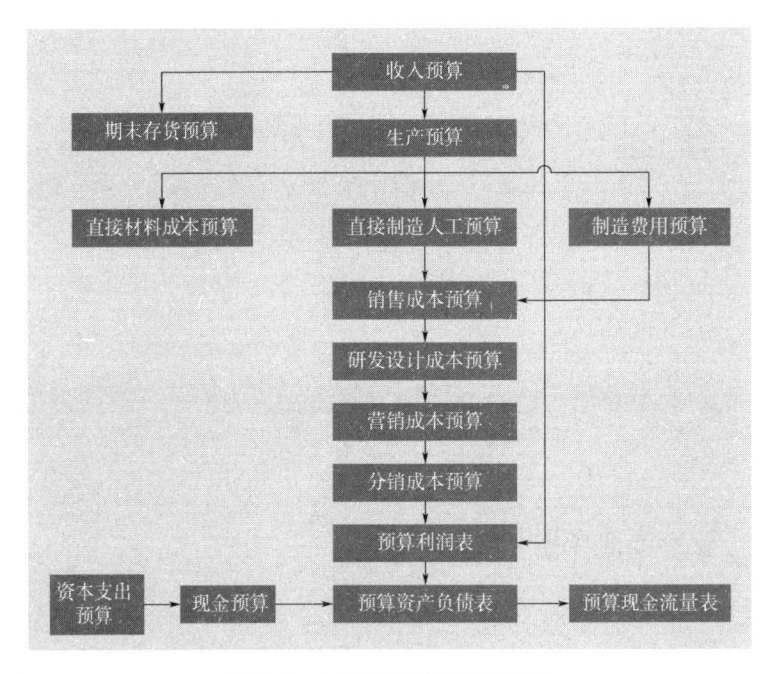

图2-4 全面预算表格编制流程

预算编制的逻辑是先确定销售数量和单价，然后计算销售收入。这样，便可知道需要备多少库存以供给销售。接下来，期初的库存、本期需要销售多少以及期末的备货数量知道后,就可以知道生产多少产品,这个过程也就是编制生产预算的过程。

知道生产多少产品后,就可以计算出需要多少原材料、人工成本以及制造费用了,这样就完成基础毛利的测算。然后各个相关部门根据上述测算的结果,分别去预测销售费用、管理费用等,利润表的主要数据就测算出来了。财务部门收集好相关数据后,对其他数据进行补充测算,最后形成三张主要的报表:资产负债表、利润表和现金流量表。下面具体讲解预算编制手册中,关于预算编制方法的说明。

1. 收入预算的编制方法

收入的预算分为销量预算和价格预算,销量预算主要的测算方法有市场增量法、竞争回报增量法以及客户增量法;价格预算主要的测算方法有技术定价法和市场定价法。

方法1:市场增量法

讲市场增量法之前,要先简单介绍一下增量预算法。增量预算法体现了企业追求不断增长的诉求。增量预算法,顾名思义就是不停地追求增量。在编制预算目标的时候,企业的经营目标肯定是想一年更比一年好!所以,所有的企业都会考虑接下来要怎么发展,怎么进步。

增量预算法是企业编制销售预算的最好选择。而销售预算正是企业的利润中心编制预算的起点。增量预算法有很多种,其中之一便是市场增量法。

市场增量法也叫作宏观预算法,是指预算单位基于宏观经济带来的市场空间以及所处行业的竞争态势进行分析,进而做出设定。这种方法避免了企业预算总是靠拍脑袋的情况,预算要根据市场规模、经济形势判断出一个大致科学的企业销售预测数。

一个企业要想持续稳定地发展,只有两个途径可选。其中一个途径是宏观经济增长,"蛋糕"变大,企业保持已有的份额,随之而涨,这就是"市场成长增量"。

宏观经济是大河,企业是小河。有一句话叫作"大河有水,小河满"。从近20年的中国经济可以看出,我国的国内生产总值(GDP)一直保持快速增长,在中国经济这块"大蛋糕"快速增长的带动下,很多民营中小企业生存得很好,发展也很快,这都得益于整个经济环境的欣欣向荣。

市场成长增量是假设自己的企业在整个行业中的市场占比不变,然后对下一年的宏观经济进行预测,进而计算出企业下一年的市场增量的方法。

下一年市场成长增量=当年区域生产总值总量×(1+下一年生产总值增长率)×行业关联系数×本企业市场份额

举个例子,2024年本区域的年工业经济总量是5 000亿元,化妆品行业占1%,本企业市场份额占比6%,2025年生产总值预计增长7%,计算如下:

企业销售额预计=5 000×1%×6%=3(亿元)
2025年预计增量=3×7%=0.21(亿元)

这种方法比较宏观,适合规模比较大的企业,并且在行业份额中有一定地位,不适合小企业。另外,行业数据的准确度也值得商榷,适合进行大概收入区间的测算。

另外还有一种宏观增量法,不是用生产总值,也不是用行业预测数据,而是用本地人口和消费能力测算出某地区化妆品销售市场份额总数,再用企业所占该地区的市场份额计算出下一年的大概市场销售额。

例如,将某地区的人口分为男人和女人,并且分别统计出男人和女人每年的人均化妆品消费金额,这样就可以计算出整个地区的总体化妆品的市场量。表格的设计按照年龄进行区分,因为不同年龄对化妆品的消费需求是不同的,现在把消费者的年龄分为四个区间:15~19岁,20~24岁,25~29岁,

30~34岁。然后将这四个表进行汇总,预计出企业的市场份额,相乘后就可以得出销售目标。

下面四个表格(表2-2至表2-5)按照性别分别列示了人数和人均年消费金额,然后计算出男人和女人消费金额小计后,再计算出各个区间的合计数,四个区间的消费金额分别是6 209万元、40 420万元、29 284万元和23 317万元,四个区间合计消费金额为99 230万元,下一年化妆品消费市场总量预计约等于9.9亿元,如果企业想要获得30%的市场份额,则下一年的销售目标就是2.98亿元。

表2-2　15~19岁化妆品市场容量表

地区	男人数(人)	人均年消费(元)	小计(元)	女人数(人)	人均年消费(元)	小计(元)	合计(元)	总计(万元)
富裕市	28 740	250	7 185 000	28 220	500	14 110 000	21 295 000	
铁东市	19 525	150	2 928 750	16 315	300	4 894 500	7 823 250	
四平市	5 600	150	840 000	5 420	300	1 626 000	2 466 000	
龙西市	6 760	150	1 014 000	6 080	300	1 824 000	2 838 000	
朝东市	8 535	150	1 280 250	7 885	300	2 365 500	3 645 750	
黑鸭市	3 995	150	599 250	3 970	300	1 191 000	1 790 250	
孙氏市	6 160	150	924 000	5 320	300	1 596 000	2 520 000	
八卦市	3 075	150	461 250	2 925	300	877 500	1 338 750	
六合市	10 900	150	1 635 000	9 505	300	2 851 500	4 486 500	6 209
七星市	4 625	150	693 750	3 970	300	1 191 000	1 884 750	
五彩市	3 460	150	519 000	3 145	300	943 500	1 462 500	
思明市	4 835	150	725 250	3 990	300	1 197 000	1 922 250	
白云市	3 750	150	562 500	3 630	300	1 089 000	1 651 500	
罗胡市	5 840	150	876 000	5 685	300	1 705 500	2 581 500	
安包市	3 175	150	476 250	3 165	300	949 500	1 425 750	
西西市	3 435	150	515 250	3 015	300	904 500	1 419 750	
东东市	3 610	150	541 500	3 315	300	994 500	1 536 000	

表 2-3 20~24 岁化妆品市场容量表

地区	男人数（人）	人均年消费（元）	小计（元）	女人数（人）	人均年消费（元）	小计（元）	合计（元）	总计（万元）
富裕市	16 815	1 000	16 815 000	16 345	3 000	49 035 000	65 850 000	
铁东市	35 115	500	17 557 500	38 125	1 500	57 187 500	74 745 000	
四平市	9 445	500	4 722 500	9 370	1 500	14 055 000	18 777 500	
龙西市	10 775	500	5 387 500	9 895	1 500	14 842 500	20 230 000	
朝东市	13 035	500	6 517 500	11 890	1 500	17 835 000	24 352 500	
黑鸭市	5 980	500	2 990 000	5 250	1 500	7 875 000	10 865 000	
孙氏市	11 080	500	5 540 000	10 555	1 500	15 832 500	21 372 500	
八卦市	6 510	500	3 255 000	6 295	1 500	9 442 500	12 697 500	40 420
六合市	25 085	500	12 542 500	18 730	1 500	28 095 000	40 637 500	
七星市	7 440	500	3 720 000	6 875	1 500	10 312 500	14 032 500	
五彩市	3 945	500	1 972 500	2 440	1 500	3 660 000	5 632 500	
思明市	8 395	500	4 197 500	8 265	1 500	12 397 500	16 595 000	
白云市	6 160	500	3 080 000	6 175	1 500	9 262 500	12 342 500	
罗胡市	12 425	500	6 212 500	11 680	1 500	17 520 000	23 732 500	
安包市	7 310	500	3 655 000	7 605	1 500	11 407 500	15 062 500	
西西市	7 145	500	3 572 500	6 475	1 500	9 712 500	13 285 000	
东东市	7 235	500	3 617 500	6 915	1 500	10 372 500	13 990 000	

表 2-4 25~29 岁化妆品市场容量表

地区	男人数（人）	人均年消费（元）	小计（元）	女人数（人）	人均年消费（元）	小计（元）	合计（元）	总计（万元）
富裕市	19 385	1 000	19 385 000	19 515	3 000	58 545 000	77 930 000	
铁东市	22 715	500	11 357 500	24 735	1 500	37 102 500	48 460 000	
四平市	4 865	500	2 432 500	4 905	1 500	7 357 500	9 790 000	29 284
龙西市	6 115	500	3 057 500	5 695	1 500	8 542 500	11 600 000	
朝东市	8 255	500	4 127 500	8 045	1 500	12 067 500	16 195 000	

续上表

地区	男人数（人）	人均年消费（元）	小计（元）	女人数（人）	人均年消费（元）	小计（元）	合计（元）	总计（万元）
黑鸭市	3 420	500	1 710 000	3 205	1 500	4 807 500	6 517 500	29 284
孙氏市	6 450	500	3 225 000	5 950	1 500	8 925 000	12 150 000	
八卦市	4 855	500	2 427 500	4 545	1 500	6 817 500	9 245 000	
六合市	17 230	500	8 615 000	12 145	1 500	18 217 500	26 832 500	
七星市	4 485	500	2 242 500	4 635	1 500	6 952 500	9 195 000	
五彩市	2 900	500	1 450 000	3 675	1 500	5 512 500	6 962 500	
思明市	5 685	500	2 842 500	5 315	1 500	7 972 500	10 815 000	
白云市	4 330	500	2 165 000	4 635	1 500	6 952 500	9 117 500	
罗胡市	7 085	500	3 542 500	6 920	1 500	10 380 000	13 922 500	
安包市	3 830	500	1 915 000	3 870	1 500	5 805 000	7 720 000	
西西市	4 045	500	2 022 500	3 625	1 500	5 437 500	7 460 000	
东东市	4 685	500	2 342 500	4 390	1 500	6 585 000	8 927 500	

表 2-5　30~34 岁化妆品市场容量表

地区	男人数（人）	人均年消费（元）	小计（元）	女人数（人）	人均年消费（元）	小计（元）	合计（元）	总计（万元）
富裕市	22 025	1 500	33 037 500	23 030	4 000	92 120 000	125 157 500	23 317
铁东市	19 135	250	4 783 750	19 650	1 000	19 650 000	24 433 750	
四平市	4 125	250	1 031 250	4 080	1 000	4 080 000	5 111 250	
龙西市	5 235	250	1 308 750	5 255	1 000	5 255 000	6 563 750	
朝东市	6 330	250	1 582 500	6 085	1 000	6 085 000	7 667 500	
黑鸭市	2 550	250	637 500	2 510	1 000	2 510 000	3 147 500	
孙氏市	4 995	250	1 248 750	4 880	1 000	4 880 000	6 128 750	
八卦市	3 705	250	926 250	3 445	1 000	3 445 000	4 371 250	
六合市	10 120	250	2 530 000	9 350	1 000	9 350 000	11 880 000	
七星市	4 465	250	1 116 250	4 320	1 000	4 320 000	5 436 250	

续上表

地区	男人数（人）	人均年消费（元）	小计（元）	女人数（人）	人均年消费（元）	小计（元）	合计（元）	总计（万元）
五彩市	3 330	250	832 500	3 495	1 000	3 495 000	4 327 500	
思明市	4 915	250	1 228 750	3 920	1 000	3 920 000	5 148 750	
白云市	4 265	250	1 066 250	3 905	1 000	3 905 000	4 971 250	
罗胡市	5 795	250	1 448 750	5 195	1 000	5 195 000	6 643 750	23 317
安包市	2 825	250	706 250	2 935	1 000	2 935 000	3 641 250	
西西市	3 435	250	858 750	3 210	1 000	3 210 000	4 068 750	
东东市	3 740	250	935 000	3 535	1 000	3 535 000	4 470 000	

方法2：竞争回报增量法

竞争回报增量法，是让企业在市场经济中直面竞争对手，利用竞争去检验自身实力，让企业在竞争的海洋中学会与风暴搏击。当然，参加竞争就需要投入，需要花钱，而且一般来说，投入越多，竞争力度越强。所以，投入就必须要求回报，投入得越多，要求回报的期望值也就越高。如果光投入不回报，那很显然是有悖常理的，这种做法是市场经济不允许的。

> 竞争回报增量＝竞争投入÷边际贡献率
> 边际贡献率＝（销售收入－变动成本）÷销售收入

原理：计算出需要多大的销售增量才可以将投入挣回来，达到盈亏平衡点。竞争回报增量的计算原则，就是计算舍弃的净利润需要新增多少销售量才能予以平衡。

以某化妆品公司为例。该公司2024年销售A品牌润肤乳液40万瓶，经过市场研究，公司决定将A品牌润肤乳液的平均售价由原来的50元降价5%，同时增加广告费200万元，如果该产品的边际贡献率为40%，则竞争回报增量计算如下：

$$竞争投入 = 40 \times 50 \times 5\% + 200 = 300(万元)$$
$$竞争回报增量 = 300 \div 40\% = 750(万元)$$

也就是说,降价5%,投入广告200万元,这个竞争代价,需要新增750万元的销售额才能回本。

$$竞争回报增量 = 750 \div 47.5 \approx 16(万瓶)$$

其中,47.5元为50元乘以0.95,即降价后的单价。

这意味着,想做2025年促销的活动,需要多卖16万瓶产品才能回本,才足以支撑促销手段。

当然了,公司肯定不止一种产品,假设公司有五种产品,见表2-6,分别结算出竞争投入方案的降价、广告和促销等费用后,就可以分别利用其边际贡献率和降价后的单价,计算出应该增加多少销售额来支撑促销手段,以及增加的销售量。这种方法是将收入与成本挂钩,即必须要能够卖出足够的量,才能实施促销方案。

表2-6 多个产品的竞争回报增量法测算

产品名称	竞争投入方案(万元)				边际贡献率	降价后价格(元)	竞争回报增加销售额(万元)	竞争回报增加销售量(万件)
	降价	广告	促销	合计				
产品A	595	640	258	1 493	40%	45	3 732.5	83
产品B	478	655	116	1 249	40%	60	3 122.5	52
产品C	756	792	385	1 933	40%	90	4 832.5	54
产品D	722	422	723	1 867	40%	100	4 667.5	47
产品E	776	342	122	1 240	40%	15	3 100	207
合计	3 327	2 851	1 604	7 782	40%	—	19 455	443

注:①竞争回报增加销售额=竞争投入方案合计÷边际贡献率;
②竞争回报增加销售量=竞争回报增加销售额÷降价后价格。

方法3:客户增量法

市场增量法和竞争回报增量法都比较宏观,现在再介绍一种微观的方法——客户增量法,也叫作微观增量法,是按照企业所面向的客户群体而设定增量期望值的一种预算方法。

销售量完全是客户规模的派生,所以,销售量和业务量的预算,实际上是客户量的预算。客户增量法是把销售量预算编制到客户的一种方法。

客户通常要经过三个阶段成为有效客户:市场客户、工作客户和购买客户。

市场客户是指企业某种产品或服务的潜在受众,其数量是由产品和服务的设计定位来决定的。任何产品都必须有特定的客户指向,那些老少皆宜、男女通用的产品是不可能成功的。对于市场客户,市场部门需要通过各种手段,让受众了解这些产品或服务。这个阶段是要花钱的,而且有些产品是需要花大量的钱。所以,营销预算就是为展开这项业务而准备的。这个时期的投入叫作客户影响成本,它可以用来考核竞争的有效性。

客户影响成本＝竞争投入费用÷客户访问量

企业过去花了很多营销推广费,广告、降价、促销等,效果怎么样？不能仅凭嘴说,现在可以用客户访问量除以竞争投入总量所得出的指标来衡量。如果这个指标达不到预算目标,那市场部门应该承担责任。

客户在了解企业的产品之后,就会在需要的时候,在企业的工作平台上出现,这些客户叫作工作客户。工作客户是指那些对企业某种产品和服务有所了解并有购买意向的人,他们是运营部门工作的指向。这个工作平台会花费很多销售费用,我们把它称作客户开发成本,它可以用来考核销售的有效性。

客户开发成本＝销售费用÷工作客户总量

购买客户则是已经购买企业某项产品或服务的客户。这些客户是需要予以售后服务的群体,他们是服务和技术支持部门的工作指向。这个地方产生的花销,叫作客户维护成本。

客户维护成本＝(客户服务费用+售后服务费用+客户满意度调查费用)÷现有客户数量

客户维护成本用来考核老客户的维护有效性,会因为销售量的增加而加大。

客户影响成本、客户开发成本、客户维护成本,这三个营销成本的划分很有意义,对于营销成本的预算控制非常重要。

过去,我们一谈成本控制,就会想到制造成本,其实制造成本只占企业整个成本的10%,而营销成本则占到40%。企业却常常为了压缩这10%中的1%而乐此不疲。

而面对占整个成本40%的营销成本,企业却下不了手。为什么?因为经营者一说控制营销费用,市场部就说,东西卖不了,你卖去!这一吓唬,经营者就不敢管了。所以说,有时候经营者之所以被动,主要是因为没有管理思路,也没有管理方法。

要想增加销量,前提是交易量要增加,而交易量来自客户,即购买客户。购买客户减少或交易量下降,必然导致销售量的下降。

因此,维持和不断壮大购买客户就成为销量预算的重点诉求。购买客户形成的交易增量有两个来源,一是购买客户反复交易次数增多,二是工作客户经过销售系统的有效工作,不断增加到购买客户群中,从而形成新的交易量。给这些新的交易量设定预算期望值的方法就是客户增量法。

在使用客户增量法编制预算之前,要对购买客户的交易历史进行分析,从购买客户历史交易和市场空间上进行排序,同样会使用市场增量法对客户所在区域的宏观环境进行分析,逐户分析下一年的发展空间和可能获得的新增交易量。

假设有7个区域的分店,见表2-7,有7名销售经理分别负责7个区域,每个销售经理都要统计他们的购买客户和工作客户,按照每个客户的购买金额和成交概率计算出销售金额和回款金额,然后预计市场自然成长带来的销售增量和通过降价、促销等竞争取得的销售增量,这样就可以得出下一年的进取目标。当然,为了不至于让销售人员一分钱奖励绩效都拿不到,表2-7里还设置了保守目标,以及为那些优秀销售人员准备的挑战目标。

表2-7 客户增量法销售预测表（按照销售地区统计）

所在区域	责任人员	客户数量		2024年		市场成长	竞争回报	2025年进取目标（万元）	2025年保守目标（万元）	2025年挑战目标（万元）
		购买客户（个）	工作客户（个）	销售金额（万元）	回款金额（万元）					
广州	销售经理1	397	794	3 924	3 532	6%	5%	4 356	3 920	4 791
深圳	销售经理2	428	150	3 148	2 833	6%	5%	3 494	3 145	3 844
惠州	销售经理3	321	972	7 463	6 717	6%	5%	8 284	7 456	9 112
佛山	销售经理4	447	355	4 216	3 794	6%	5%	4 680	4 212	5 148
茂名	销售经理5	183	704	9 735	8 762	6%	5%	10 806	9 725	11 886
珠海	销售经理6	362	643	6 368	5 731	6%	5%	7 068	6 362	7 775
中山	销售经理7	347	537	3 842	3 458	6%	5%	4 265	3 838	4 691
合计		2 485	4 155	38 696	34 827			42 953	38 657	47 248

以广州地区举例，广州地区销售经理的购买客户是397个，工作客户是794个，他可以在另外一张表格上预计每种客户的购买量和成交概率，购买客户的成交概率肯定要大于工作客户。从而计算出销售金额为3 924万元，然后再预计一下市场自然增长将带来6%的增量，通过降价、广告、促销拟增加销量5%，这样就可以计算出2025年的进取目标为4 356万元[3 924×(100%+6%+5%)]，然后对进取目标乘以90%，计算出2025年的保守目标为3 920万元，另外对进取目标乘以110%，计算出2025年的挑战目标4 791万元。

以上主要是通过连锁店销售方式进行的统计，也可以把销售区域换成店铺维度进行统计，见表2-8。

表2-8 客户增量法销售预测表（按照店铺统计）

所在区域	责任人员	客户数量		2024年		市场成长	竞争回报	2025年进取目标（万元）	2025年保守目标（万元）	2025年挑战目标（万元）
		购买客户（个）	工作客户（个）	销售金额（万元）	回款金额（万元）					
连锁店1	销售经理1	237	437	1 885	1 697	6%	5%	2 092	1 883	2 302
连锁店2	销售经理2	898	178	1 925	1 733	6%	5%	2 137	1 923	2 350

续上表

所在区域	责任人员	客户数量		2024年		市场成长	竞争回报	2025年进取目标	2025年保守目标	2025年挑战目标
		购买客户（个）	工作客户（个）	销售金额（万元）	回款金额（万元）			（万元）	（万元）	（万元）
连锁店3	销售经理3	659	969	1 420	1 278	6%	5%	1 576	1 419	1 734
连锁店4	销售经理4	679	489	1 974	1 777	6%	5%	2 191	1 972	2 410
连锁店5	销售经理5	643	512	1 449	1 304	6%	5%	1 608	1 448	1 769
连锁店6	销售经理6	998	583	1 345	1 211	6%	5%	1 493	1 344	1 642
连锁店7	销售经理7	139	121	1 768	1 591	6%	5%	1 962	1 766	2 159
连锁店8	销售经理8	671	667	1 084	976	6%	5%	1 203	1 083	1 324
连锁店9	销售经理9	325	146	1 066	959	6%	5%	1 183	1 065	1 302
连锁店10	销售经理10	968	781	1 950	1 755	6%	5%	2 165	1 948	2 381
连锁店11	销售经理11	944	351	1 145	1 031	6%	5%	1 271	1 144	1 398
连锁店12	销售经理12	324	714	1 885	1 697	6%	5%	2 092	1 883	2 302
连锁店13	销售经理13	956	267	1 816	1 634	6%	5%	2 016	1 814	2 217
连锁店14	销售经理14	573	864	1 293	1 164	6%	5%	1 435	1 292	1 579
连锁店15	销售经理15	490	993	1 555	1 400	6%	5%	1 726	1 553	1 899
连锁店16	销售经理16	638	216	1 992	1 793	6%	5%	2 211	1 990	2 432
连锁店17	销售经理17	448	668	1 818	1 636	6%	5%	2 018	1 816	2 220

续上表

所在区域	责任人员	客户数量		2024年		市场成长	竞争回报	2025年进取目标（万元）	2025年保守目标（万元）	2025年挑战目标（万元）
		购买客户（个）	工作客户（个）	销售金额（万元）	回款金额（万元）					
连锁店18	销售经理18	827	391	1 217	1 095	6%	5%	1 351	1 216	1 486
连锁店19	销售经理19	937	551	1 805	1 625	6%	5%	2 004	1 803	2 204
连锁店20	销售经理20	911	137	1 790	1 611	6%	5%	1 987	1 788	2 186
合计		13 265	10 035	32 182	28 967			35 721	32 150	39 296

2. 生产成本预算的编制方法

生产成本的编制，主要是依据销售的需求进行，确定好销售数量后，就可以以销定产，知道产量大概需要多少，以满足销售的需要，产品要分为大的系列和主要产品，然后分别预计单位直接材料、单位直接人工和单位制造费用，最后再汇总成生产（销售）成本预算表。

在填报生产成本预算一系列表格时，一般采用增量预算法。增量预算法是指在上一年成本费用水平的基础上，结合预算期业务量水平及有关降低成本的措施，通过调整有关费用项目而编制预算的方法。

这里，笔者设置了一些随机数来举例讲解，主要说明填报的逻辑，大家可以根据表2-9至表2-13举例的格式，结合自己公司的具体业务，重新设计表格。

表2-9 材料成本预算表

系列	型号	产量（盒）	单位材料成本（元）				总成本（元）	备注
			材料1	材料2	材料3	小计		
乳液	A001	297 744	2	4	3	9	2 679 696	
面霜	A002	229 856	1	4	5	10	2 298 560	
抗衰老	A003	110 888	2	2	4	8	887 104	

续上表

系列	型号	产量（盒）	单位材料成本（元）				总成本（元）	备注
			材料1	材料2	材料3	小计		
粉底	A004	135 800	1	2	5	8	1 086 400	
蜜粉	A005	212 720	2	4	2	8	1 701 760	
口红	A006	82 792	3	1	2	6	496 752	
精华液	A007	166 864	2	4	4	10	1 668 640	
合计		1 236 664					10 818 912	

表2-10 直接人工成本预算表

系列	型号	产量（盒）	单位计件工资（元）				总成本（元）	备注
			工序1	工序2	工序3	小计		
乳液	A001	297 744	2	2	2	6	1 786 464	
面霜	A002	229 856	4	1	3	8	1 838 848	
抗衰老	A003	110 888	5	3	3	11	1 219 768	
粉底	A004	135 800	2	4	4	10	1 358 000	
蜜粉	A005	212 720	5	4	2	11	2 339 920	
口红	A006	82 792	2	1	4	7	579 544	
精华液	A007	166 864	2	2	5	9	1 501 776	
合计		1 236 664					10 624 320	

表2-11 变动制造费用预算表

系列	型号	产量（盒）	单位产品工时	变动制造费用分配率				小计（元）
				间接人工 0.4（元/工时）	间接材料 0.15（元/工时）	维护费 0.2（元/工时）	水电费 0.3（元/工时）	
乳液	A001	297 744	4	476 390	178 646	238 195	357 293	1 250 525
面霜	A002	229 856	2	183 885	68 957	91 942	137 914	482 698
抗衰老	A003	110 888	6	266 131	99 799	133 066	199 598	698 594
粉底	A004	135 800	1	54 320	20 370	27 160	40 740	142 590
蜜粉	A005	212 720	1	85 088	31 908	42 544	63 816	223 356
口红	A006	82 792	2	66 234	24 838	33 117	49 675	173 863
精华液	A007	166 864	3	200 237	75 089	100 118	150 178	525 622
合计		1 236 664		1 332 285	499 607	666 142	999 214	3 497 248

表 2-12　固定制造费用预算表

系列	型号	产量（盒）	单位产品工时	固定制造费用分配率				小计（元）
				折旧费 2（元/工时）	管理人员工资 4（元/工时）	办公费 0.8（元/工时）	保险费 0.3（元/工时）	
乳液	A001	297 744	1.0	595 488	1 190 976	238 195	89 323	2 113 982
面霜	A002	229 856	0.8	367 770	735 539	147 108	55 165	1 305 582
抗衰老	A003	110 888	3.0	665 328	1 330 656	266 131	99 799	2 361 914
粉底	A004	135 800	0.5	135 800	271 600	54 320	20 370	482 090
蜜粉	A005	212 720	0.4	170 176	340 352	68 070	25 526	604 125
口红	A006	82 792	1.0	165 584	331 168	66 234	24 838	587 823
精华液	A007	166 864	2.5	834 320	1 668 640	333 728	125 148	2 961 836
合计		1 236 664		2 934 466	5 868 931	1 173 786	440 170	10 417 353

表 2-13　生产（销售）成本预算表

系列	型号	产量（盒）	单位直接材料（元）	单位直接人工（元）	单位制造费用（元）	单位成本（元）	总成本（元）
乳液	A001	297 744	9	6	11.30	26.30	7 830 667.20
面霜	A002	229 856	10	8	7.78	25.78	5 925 687.68
抗衰老	A003	110 888	8	11	27.60	46.60	5 167 380.80
粉底	A004	135 800	8	10	4.60	22.60	3 069 080.00
蜜粉	A005	212 720	8	11	3.89	22.89	4 869 160.80
口红	A006	82 792	6	7	9.20	22.20	1 837 982.40
精华液	A007	166 864	10	9	20.90	39.90	6 657 873.60
合计		1 236 664				—	35 357 832.48

填报生产（销售）成本预算表需要注意以下问题：

（1）直接材料、直接人工、制造费用均为单位值，依据历史数据、定额标准及公司改善目标确定；

（2）变动制造费用预算表中，变动制造费用预算行小计＝产量×单位产品工时×变动制造费用分配率，固定制造费用预算行小计＝产量×单位产品工时×固定制造费用分配率；

(3) 总成本为各产品产量与单位材料、人工及制造费用的乘积；

(4) 各产品直接人工的合计与工资预算中的直接人工数额一致；

(5) 各产品制造费用合计与制造费用汇总预算中的数额一致。

3. 期间费用预算的编制方法

期间费用表包括销售费用表、管理费用表和财务费用表。这里的财务费用表由财务部门综合分析后填列即可。销售费用表主要由负责销售的部门填写，而管理费用表则需要所有的职能部门都填写。

费用预算编制需要遵循以下原则：

(1) 要区分可控、不可控费用及专项费用进行编制；

(2) 要根据业务发生量合理预测；

(3) 要考虑长远发展。

可控费用是部门可以控制的费用，比如各个部门都可以控制办公耗材，行政管理部门可以控制接待用车的次数等；不可控费用是公司层面才可以控制的费用，比如办公楼的折旧。如果公司不打算改变使用方式，那么每年的办公楼折旧费用都是一样的。除非公司层面有大的调整，将办公楼出租，然后再租一个小一点的地方办公，这时办公场地费用才可能发生改变。专项费用是公司布置的一些专项任务给部门，比如运营部要进行某个市场的集中营销，打下这个市场，那这个专项任务发生的费用就是专项费用。

费用的预计可以采用零基预算法，零基预算法就是既不考虑过去花了多少钱，也不考虑将来要完成什么任务，一切从零开始。比如，2024年出差花费与2023年出差的频率没有什么因果关系，因为你2023年去过的地方不代表2024年还会去；你2024年的销售任务多也不代表你出差就多，因为如果卖老产品、做老客户的话，可能一分钱的差旅费都不需要，客户照样下订单。

但是如果卖新产品、拜访新客户的话,你可能无数次出差,但一分钱的销售也没有。没有销售就不出差了吗?恰恰相反,要更多地出差,要花更多的差旅费。所以,找寻做事与花钱之间的因果关系是零基预算法的要害,这个叫作动因关系,也叫作成本动因。

那么,差旅费的成本动因是什么呢?如果直接问业务部,你们出差的动因是什么?估计所有销售人员都会被问得一头雾水。但是如果换个说法,问销售人员,你为什么需要差旅费?销售人员可能会说,因为要拜访客户,而且外地客户越多,出差要求也就越多,外地客户越远,交通费也就越高,等等。

零基预算法的第一要件就是搞"个体预算",也就是"岗位预算"。因为不同的岗位有不同的客户,而且出差的要求差别很大。如果进行"群体预算",问部门的总体出差量是多少,那么没有人能够回答这个问题。

零基预算法首先必须以岗位为"基",以动作量为"基",而动作量只有具体到岗位才能有答案。

比如,现在需要预算某个岗位的差旅费,那么必须考虑动作量、动作频率、消耗标准等因素。差旅费的成本动因有哪些呢?下面来列举:

(1)外地客户量:外地客户越多,要求出差越多。

(2)出差时间:时间越长,差旅费越高。

(3)出差频率:出差次数越多,差旅费越高。

(4)出差距离:出差距离决定不同的交通方式。

我们可以看下出差费用预算表见表2-14,销售人员分为销售经理、销售主管和销售员,每个岗位的交通费、住宿费、出差补贴的标准都是不同的。首先,我们可以预估一个出差频率,然后用360天乘以出差频率,计算得到出差天数,然后分别计算出交通费、住宿费、出差补贴,最后将这几项费用合计,计算出2025年的差旅费预算金额约为51万元。

表 2-14　出差费用预算表

岗　　位	人数（个）	出差频率	出差天数（天）	交通费（元）		住宿费（元）		出差补贴（元）		2025年预算（元）
				标准	金额	标准	金额	标准	金额	
销售经理	1	20%	72	1 000	72 000	500	36 000	200	14 400	122 400
销售主管A	1	20%	72	800	57 600	400	28 800	100	7 200	93 600
销售员（广州）	3	35%	126	400	50 400	300	37 800	80	10 080	98 280
销售员（深圳）	8	35%	126	400	50 400	300	37 800	80	10 080	98 280
销售员（珠海）	2	35%	126	400	50 400	300	37 800	80	10 080	98 280
合　　计										510 840

其他的可控费用也都可以按照这个思路进行测算，通过标准和预计量，就可以把费用测算出来。当然不用每项费用都这么做，像办公耗材等金额较小的费用，可以按照上一年的数据，适当增减5%就差不多了。

业务部门把每项费用都测算出来后，按照财务部提供的表格样式填报后（表2-14），发给财务部，由财务部进行汇总。销售费用和管理费用的表格格式，见表2-15和表2-16。

表 2-15　销售费用预算表

分　　类	费用项目	2025年预算（元）
变动费用	运费	
	装卸费	
	包装费	
	销售提成	
	三包损失	
	差旅	
	招待	
	小计	
单台变动销售费用（变动成本小计÷销售量）		

续上表

分类	费用项目	2025年预算(元)
固定费用	租赁	
	办公	
	通信	
	低耗	
	展览费	
	广告费	
	折旧	
	其他	
	保险费	
	小计	
专项费用	专项1	
	专项2	
	专项3	
	小计	
销售费用合计(单台变动销售费用×销售量+固定费用+专项费用)		

表2-16 管理费用预算表

分类	费用项目	2025年预算(元)						
		合计	行政人事部	经营策划部	财务部	运营部	研发部	采购部
不可控费用	员工福利类	工资						
		福利费						
		工会经费						
		职工教育经费						
	社保类	养老保险费						
		失业保险费						
		住房公积金						

续上表

分类	费用项目		2025年预算（元）						
			合计	行政人事部	经营策划部	财务部	运营部	研发部	采购部
不可控费用	社保类	医疗保险费							
		工伤保险费							
		生育保险费							
	税费	土地使用税							
		印花税							
		房产税							
	折旧及摊销	固定资产折旧							
		无形资产摊销							
不可控费用小计									
可控费用		董事会费							
		诉讼费							
		车队运输费							
		保险费							
		差旅费							
		办公费							
		运输费							
		修理费							
		水电费							
		业务招待费							
		广告费							
		叉车费							
		其他							
可控费用小计									
专项费用		咨询费							
		改制费用							
		司庆费用							

续上表

分类	费用项目	2025年预算（元）						
		合计	行政人事部	经营策划部	财务部	运营部	研发部	采购部
专项费用	审计费							
	技术研发费							
	绿化费							
	检测、检定费、审核费							
	…							
	专项费用合计							
管理费用合计（不可控费用+可控费用+专项费用）								

财务部在汇总上述收入、成本和期间费用等预算表格后，就可以编制预算利润表和资金预算收支平衡表了，具体格式见表2-17和表2-18。

表2-17　预算利润表

单位：元

项　　目	2025年预算	占销售收入比重
一、销售收入		
二、变动成本		
其中：		
1. 材料费		
2. 委外加工费		
3. 生产能耗		
4. 计件工资		
5. 销售提成		
6. 佣金返点		
7. 运费		
8. 销售税金		

续上表

项　　目	2025 年预算	占销售收入比重
9. 其他		
三、边际利润（销售收入−变动成本）		
四、固定成本		
其中：		
1. 生产基本工资社保		
2. 销售基本工资社保		
3. 管理人员工资社保		
4. 管理费用		
5. 研发费用		
6. 财务费用		
7. 折旧摊销		
8. 其他		
五、利润总额（边际利润−固定成本）		
六、所得税		
七、净利润（利润总额−所得税）		

表 2-18　资金预算收支平衡表

单位：元

序号	项目分类	2025 年预算
一	期初资金余额	
二	资金来源	
2.1	销售收入	
2.2	其他业务收入	
2.3	营业外收入	
2.4	融资/借款	
2.5	其他资金来源	
三	资金支出	
3.1	采购支出	

43

续上表

序号	项目分类	2025 年预算
3.2	工资支出	
3.3	运营成本(不含工资)	
3.4	税金及附加	
3.5	利息/还款	
3.6	其他业务支出	
四	**本期资金结余**(资金来源-资金支出)	
五	**期末资金余额**(资金来源-资金支出-期初资金余额)	

2.1.5 预算编制套表

预算编制套表要覆盖全面预算管理需要的经营预算表格、资本性支出预算表格和财务预算表格等,这里列举一个表格体系的案例作为参考,见表 2-19。

表 2-19 公司全面预算表格体系

表格大类	具体表格
一、经营预算	1. 销售数量预算表
	2. 销售金额预算表
	3. 单位销售成本预算表
	4. 存货预算表
	5. 营业费用预算表
	6. 管理费用预算表
	7. 制造费用预算表
	8. 财务费用预算表
	9. 人力预算表
二、资本性支出预算	10. 固定资产投资预算表
	11. 未完工项目投资进度预算表

续上表

表格大类	具体表格
三、财务预算	12. 资产负债预算表
	13. 损益预算表
	14. 现金流量预算表
	15. 现金需求预算表
	16. 关键营运预算表

2.1.6　预算编制时间表

在制定预算编制时间表时,应该分成两个层次考虑,第一个是公司的时间表,第二个是部门的时间表,两个时间表都需要明确时间、责任人,各个部门还需要确定一个预算编制员,这样整体方案才能落实。

以下是公司层面的编制时间表举例:

(一)预算编制布置:每年9月30日前,公司向各部门下达预算编制通知。

(二)编制预算预案:每年10月31日前,各部门完成预算年度工作计划制订,编写本年预算执行报告,完成预算预案编制,并向公司预算办公室报送。

(三)审核预算预案:每年11月15日前,公司预算办公室审核预算预案,下发审核意见。

(四)编制预算草案:每年11月30日前,各部门根据公司预算办公室的审核意见,完成预算草案编制并上报公司。12月5日前,公司预算办公室编制总体预算草案并上报预算委员会审议。

> （五）下发预算方案：预算委员会在 12 月 10 日前完成年度预算草案审议，并提交董事会审批。次年 1 月底前，公司董事会审批后，正式下发各部门预算方案。

部门层面的编制时间表格式，见表 2-20。

表 2-20　各部门的预算编制时间表

部门	编制内容	预算预案上报时间	预算草案上报时间
经营策划部	制定公司发展战略，编制公司年度经营资源、工作计划等预算方案	10月31日前	11月30日前
财务部	编制公司年度经营预算、资本预算、资金预算和财务预算等预算方案，并负责汇总年度预算资料	10月31日前	11月30日前
行政人事部	制定公司人才发展战略，编制人力资源、用人需求计划及人工成本等预算方案	10月31日前	11月30日前
运营部	负责市场指标预算	10月31日前	11月30日前
生产部	负责料工费等预算	10月31日前	11月30日前
采购部	负责采购预算	10月31日前	11月30日前
研发部	负责研发费用等预算	10月31日前	11月30日前

2.2　搭建精准的分析报告体系

2.2.1　分析报告的三种不同类型

财务分析、经营分析、经营决策等各种概念，经常让人分不清楚这些工作究竟有什么区别。这里给大家梳理一下概念。我们说的各种分析，实质上都是分析报告的范畴，根据涉及的深度不同，可以分为三种类型。第一种是外部财务分析，这种分析主要是围绕财务报表，用比较、结构、比率等分析方法，对主要财务指标进行分析；第二种是内部财务分析，这种分析通常要比财务报表分析的程度深入一些，因为是站在公司内部角度，可以利用更多的业务数据进行分析，财务数据的增减变动与经营发展有直接关系；第三种是内部经营分析（或简称经营分析），有时因为涉及场景不同，也叫作经营决策，经营分析会更多用到业财融合的思路，分析中会涉及业务情况的变化分析，如果是对公司各个业务方面的主要情况做分析，跟财务分析大同小异，只是有的公司把这种类型的分析称为经营分析，有的称为财务分析，但是，如果是单个场景的分析，例如给公司产品做一个专门的定价分析报告或者投资决策分析等，这个时候其实是经营决策。具体区别如图 2-5 所示。

分类	使用主体	目的	分析内容
外部财务分析	外部投资者	按照以企业会计准则编制的财务报表进行面上的分析	利润表 资产负债表 现金流量表 ……
内部财务分析	集团股东 内部经营管理者	按照内部管理报表，结合业务进行分析，发现问题并解决	深层次的三表原因解读 内部管理报表解读（利润中心、成本重分类报表、资金需求报表等） 主要KPI完成情况分析 经营中出现的问题及解决方式
内部经营分析	内部经营管理者	业务伙伴，决策支持	定价决策 业务经营决策（自营还是外包） 投资决策 营销决策（团购、广告是否开展） 专题问题：应收账款、存货高等

图 2-5 分析报告的三个类型

1. 外部财务分析

外部财务分析的重点是围绕外部投资者，为其提供经营和财务信息。主要是围绕利润表、资产负债表、现金流量表以及主要大类业务的分析。因为不需要考虑到公司核心经营信息的保护，分析内容一般不会特别细致，外部投资者看到这个报表后，可以大概知道公司产品的盈利能力、市场情况、投资收益率等。

2. 内部财务分析

内部财务分析主要使用者是集团公司股东和内部经营管理者，按照内部管理报表，结合业务进行分析，发现问题并解决。这个层次的分析主要是结合公司内部信息，对报表的数据变化原因进行深层次的解读，编制内部管理报表，包括责任中心报表、成本重分类报表、资金需求计划表等，还包括分析用于考核的 KPI 完成情况等。目的是揭示经营中出现的问题并提出改进建议。

传统的利润表，分析的层次还是比较笼统的，但是如果是给外部投资者用，是足够的，他们可以自己算出来投资收益率。但是，对于内部经营者来讲，则是远远不够的。

公司内部分析用的利润表（表 2-21），可以把收入和成本继续向下分解出更多的层次，收入可以按照区域、产品、客户、销售员等不同维度进行分析。销售成本和经营成本可以分为变动成本费用和固定成本费用，固定成本费用还可以进一步划分为付现和非付现的。这样做的好处有三个：一是分析的维度更加多样化，将总指标分解分析后，可以看到哪个维度的明细数据与预期相比出现问题；二是大部分的变动成本是可控的，而固定成本则相反，属于战略成本，一旦投入就会持续很多期，所以日常成本控制的重点是变动成本,重大决策时才会涉及固定成本,这样可以明确成本控制的举措;三是将成本分为付现和非付现,好处是可以为下一步的制订资金需求计划表奠定基础。

表 2-21 公司内部分析用利润表

项目				实际值	预算值
一级项目	二级项目	三级项目	四级项目		
销售收入					
	区域				
	产品				
	客户				
	销售员				
销售成本					
	变动成本				
		直接材料			
			材料1		
			材料2		
		直接人工			
			工序1		
			工序2		
		直接辅料			
		直接能耗			
		其他直接			
	固定成本				
		可控成本			
			工资性		
			社保等		
			广告费		
			保险费		

续上表

项 目				实际值	预算值
一级项目	二级项目	三级项目	四级项目		
			不可控成本		
			折旧		
			土地摊销		
经营费用					
	变动费用				
			广告		
			促销		
			奖金		
			佣金提成		
			运费		
	固定费用-现金				
			行政人事部		
			运营部		
			经营策划部		
			财务部		
	固定费用-非现金				
			减值准备		
			坏账准备		
			折旧		
经营利润					

另外，除了整个公司的分析外，为了激励下属部门或业务人员更好地创造业绩，应根据下属部门或具体业务的特点将其分类为收入中心、利润中心和成本中心等。一旦将某个部门或业务定义为利润中心，就可以像管理分公司一样，对其进行授权，并定期编制利润中心的报表，年终时进行考核，奖

勤罚懒，将公司按照不同责任范围划分为不同责任中心，见表 2-22。责任中心的利润表可以参考表 2-23 的格式。

表 2-22 责任中心类型

责任中心类型	责任范围	绩效评估标准	举例
收入中心	负责销售，但是不负责与已销售产品相关的制造成本	销售收入减去营收中心的直接成本	市场营销部门
成本中心	负责控制本部门的成本。因此，成本中心的经理不负责收入或投资	保持预期质量水平的同时最小化成本	财务、行政管理、人力资源、会计、客户服务以及呼叫中心等部门
利润中心	负责生成利润、管理收入并控制成本。一般无须负责投资	实际利润对比预期利润	独立的报告分部，如作为连锁商店一部分的杂货店
投资中心	负责本部门的投资、成本和收入，包括内部投资和外部投资	利润的绝对水平，利润占投资资本的相对水平，对战略投资的评估以战略投资与公司战略间的一致性为依据，对其他投资的评估则以投资回报和资本保全情况为依据	具有投资性质的子公司

表 2-23 分责任中心编制的利润表

一级项目	二级项目	三级项目	利润中心 1	利润中心 2	利润中心 3	利润中心 4	利润中心 5
收入							
	护肤						
	洗护						
	家居护理						
	婴幼儿喂哺						
	其他						

续上表

一级项目	二级项目	三级项目	利润中心1	利润中心2	利润中心3	利润中心4	利润中心5
成本							
	护肤						
	洗护						
	家居护理						
	婴幼儿喂哺						
	其他						
毛利							
费用							
	营销费用						
		广告费					
		促销费					
	管理费用						
		工资					
		差旅费					
利润							

3. 内部经营分析

上述的外部财务分析一般是投资者针对某个公司进行投资前做的事情，内部财务分析一般是月度或者季度提供一次用于强化公司内部经营效益管理，而内部经营分析就不同了，使用主体是内部经营管理者，不一定是按期制作，而是按需制作，主要用于支持业务决策。例如：定价决策、业务经营决策（自营还是外包）、投资决策、营销决策（团购、广告是否开展）、专题问题（应收账款、存货高）等。

这个层次的分析对制作者的要求更高，不仅需要深入理解行业趋势，还需对公司内部业务非常了解，以确保分析的质量。

2.2.2 经营分析信息收集机制

要做好经营分析,就必须建立经营数据的收集机制,因为财务部对很多业务部门的经营信息是没有办法轻易获取的,而且,若只是通过现场观察等手段,得来的信息也比较片面,所以动手撰写经营分析前,要建立好经营分析信息的收集机制,这个机制的建设抓手就是给每个部门设计好一个信息填报表格,表格中要明确报送什么内容、什么时间报送、责任人是谁等。然后把这个表格发送各个部门,再按照通知的时间收集上来,财务部门进行汇总分析后,再结合自己的财务数据,进行更加深入的分析。

这么做的好处是在开经营分析会的时候,因为这些数据和文字材料都是各个部门提供的,他们便不会对财务人员出具的分析材料有太大的质疑了,可以极大地减少数据分析工作的压力。

最后要强调一点,这项工作必须要有公司领导的支持,最好是从总经理办公室直接发文,毕竟是额外增加了各个部门的工作量。发文下去后,就可以顺利把信息收集全了。表格样式见表2-24。

表2-24 公司经营分析信息收集表(运营部)

部门	填报内容	
运营部	销售情况	特点
		亮点
		存在的问题及原因
		拟采取的措施
		销售统计表
	市场拓展方面	各个区域销售情况分析
		各产品销售情况分析
		各店面销售情况分析
		销售进度与目标的差异,原因解析

续上表

部门		填报内容
运营部	市场拓展方面	新开市场的运营情况,存在的困难及解决措施,下阶段拟进入新市场情况
		营销费用使用情况
	资源管理方面	摸查、甄别、利用工作进展情况
		已新增开发及利用的资源,下一步拟开发的资源
	合同管理	合同签订工作进展情况
		存在的问题及举措
		其他合同工作进展情况
		存在的问题及举措

2.2.3 经营分析报告框架

每个公司所在的行业不同,业务也不尽相同,所以财务分析架构也不相同,这里给出两个分析框架,供大家参考。

> **分析框架示例1**
> **一家制造外资企业的分析架构**
> 1. 经济环境分析
> 2. 新订单分析
> 3. 收入分析
> 4. 销售成本和毛利分析
> 5. 净利润分析
> 6. 营运资本分析
> 7. 运营分析
> 8. 固定资产投资情况

9. 产品质量情况

10. 竞争对手的发展状况(新产品、新服务、价格策略、新技术、新市场策略)

分析框架示例 2

一家民营企业的分析架构

1. 生产经营情况

2. 行业发展情况

3. 经营效益情况

(1)利润情况。

(2)收入情况。

(3)成本费用情况。

(4)资金情况。

(5)主要财务指标情况。

(6)效率情况:人均创收、人均成本、人均利润等,并将这些指标与标杆行业对比。

4. 存在的问题及建议

(1)公司重点工作推进情况。

(2)重点工作推进存在的问题和阻力。

(3)相关建议。

(4)上期经营分析会的问题整改情况。

上述两个分析架构,第一种侧重于业务分析,第二种侧重于循环往复的闭环管理,即"分析目前的情况—分析存在的问题—提出解决的方案—回顾上期提出问题的整改情况"。如果从管理改进角度讲,第二种更好,但对撰写者的难度更大,必须非常了解公司的整体情况才可以做好。

2.3 打造让全员"奔跑"的绩效管理体系

2.3.1 阿米巴模式激发全员动能

说到绩效管理,那就不得不提到阿米巴管理模式。阿米巴模式是稻盛和夫在企业管理实践中摸索出来的。他一生创办了两家上市公司,一家是京瓷 Kyocera,另外一家是第二电信公司(原名 DDI,现名 KDDI。目前在日本为仅次于 NTT 的第二大通信公司),这两家公司都进入了世界 500 强排名。可以说,稻盛和夫是当之无愧的日本经营专家。在他近 80 岁的时候,亚洲最大、世界第三大的日本航空公司申请破产保护,邀请他出山拯救,他公开表态愿意重新出山,并提出了两个条件:一是以零薪酬出任日航首席执行官(CEO);二是他将不带团队去日航,因为他公司内部没有人懂航空运输。稻盛和夫仅用了 1 年多时间就让日航摘掉了破产的"帽子",浴火重生。

他是怎么做到的呢?靠的就是阿米巴模式。

变形虫是一种单细胞生物,音译为"阿米巴"。属原生动物,主要生活在清水池塘,或在水流缓慢、藻类较多的浅水中,亦有作为寄生虫寄生在其他生物里面,在一般泥土中也可找到。由于变形虫身体仅由一个细胞构成,没有固定的外形,可以任意改变体形,因此得名。这种生物可以不断重复地进行细胞分裂。

阿米巴模式是将企业划分成小集体,然后这些小集体就像自由自在地重复进行细胞分裂的阿米巴。以各个阿米巴为核心,自行制订计划、独立核算、持续自主成长,可以让每位员工成为主角,然后全员参照经营,靠集体智慧推动整个企业的快速成长。阿米巴模式下的经营组织可以参考图 2-6。

稻盛和夫为什么要发明阿米巴模式?是因为当年他经营京瓷的时候,

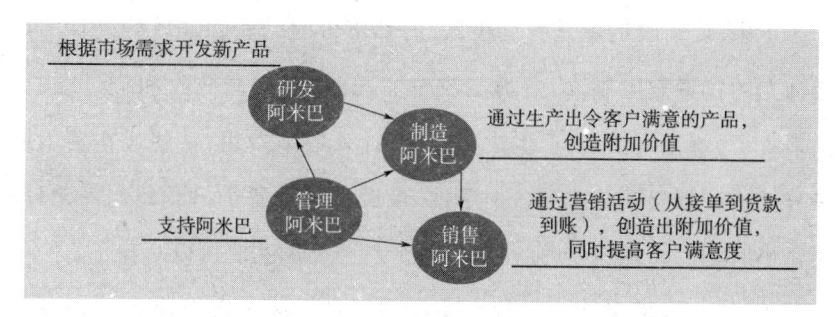

图 2-6 "阿米巴"经营组织

公司发展到了 200 人的规模,忽然发现自己力不从心。他幻想着,如果自己有分身术就好了,我一个人可以管 200 人,那如果有 100 个我,就可以管 20 000 人,想想就激动。于是马上行动,在京瓷培养经营人才,把各个部门设置成小的内部经营单元,这些单元实际上就是利润中心,可以独立核算收入、支出、计算利润、进行考核、兑现奖励,从而给员工一种经营自己公司的感觉。后来,事实证明,这种模式很管用,京瓷后来有 3 000 多个阿米巴,并成功进入世界 500 强。

阿米巴经营模式的本质是一种量化的赋权管理模式。阿米巴经营模式与"经营哲学""经营会计"一起相互支撑,是一种完整的经营管理模式,是企业系统竞争力的体现。

最底层的东西不是形式,而是文化。形成阿米巴模式首先要建立文化。大家都知道,日本很多企业实行终身雇佣制,这会给员工一种"一辈子,一个单位,一个事业"的感觉。在这个基础上,阿米巴模式破解了企业家从"个人修炼"到"集体修炼"的难题,让员工与企业成为"精神共同体、命运共同体、目标共同体、利益共同体",从而释放员工潜能。

在文化的基础上,阿米巴模式对企业组织架构进行重新划分,并对每个组织都培养至少一个经营人才,去领导这个小单元的发展。给这个小领导者的经营原则,就是"销售额最大化、经费最小化",这个原则实施后,也就树立了利润导向。

接下来,要解决的就是独立核算,内部定价的问题。这里的核算不是采用会计上的权责发生制,而是类似收付实现制,不记录应收和应付款,只要发生销售了,就记录销售;产生成本了,就计入成本费用,某些成本费用按照公平分摊的原则会被分摊到各个单位,最后再进行各个单元的利润比较时,会用每小时利润指标,这就使得各个阿米巴单元的利润可以对比了。

另外,解决内部定价也是非常头疼的事情。因为各个小单元现在都是独立的,都想在企业中争上游,就必然导致讨价还价。比如我是销售单元,我从生产部门购进某产品价格为100元/件,对外出售是120元/件,那我就赚20元。作为运营部来讲,他肯定希望购进得很便宜,这样才能赚得多,但是生产部却不这么想,生产部必然想卖得贵一些,这就导致了内耗,这种内耗会让一个企业崩溃,效率降低,所以在独立核算的同时,管理者也要解决内部公平定价的问题,以及其他内耗的情况。

所以说,阿米巴也不是很容易推行的,目前国内推行成功的并不多。主要是由于文化差异、经营者素质和能力不足、员工价值观难以统一等问题。

不过,管理本身就是灵活的,舶来品有的时候也是需要改造才能用的,否则,就会水土不服,给企业带来巨大的麻烦。建立阿米巴模式过程中的常见问题,如图2-7所示。

图2-7 "阿米巴"建立需要克服的难题

2.3.2 绩效指标如何分解落实

绩效管理是指为实现组织发展战略和目标,采用科学的方法,通过对员工个人和团队的业绩目标计划、组织绩效目标实施、对绩效目标实施中员工的行为表现和工作业绩以及综合素质的全面监测和考核、评价,以充分激励员工的积极性、主动性和创造性,持续改善员工和组织绩效的活动过程。

绩效管理是一个外延比较宽泛的概念,它是指从绩效计划到考核标准的制定,从具体考核、评价的实施,直至信息反馈、总结和改进工作等全部活动的过程。

绩效考核是绩效管理的重要组成部分,是人力资源管理的一项重要活动,是指按照一定的标准,采用科学的方法,对企业的员工在工作业绩、品行、能力、态度等方面进行综合评定,以反映员工和部门业绩目标的完成情况,并确定其工作绩效和未来发展潜力的管理方法。企业绩效管理流程如图 2-8 所示。

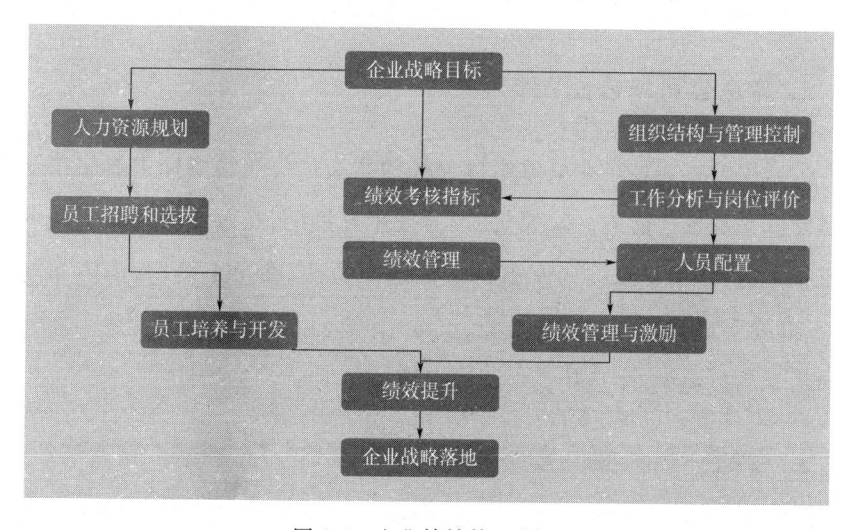

图 2-8 企业绩效管理流程

现在了解了绩效管理和绩效考核的概念,下面继续探讨如何分解指标。

假如公司想当年提升利润25%,并且在全国开设100家门店。

那么,就要将公司层面这个总体指标向下进行分解,分解到部门和员工层级。假设这次只把指标下发给运营部、采购部、生产部、财务部和人力资源部,为了实现公司的整体目标,现将总体目标分解如下:

(1)销售收入提升20%。

(2)采购成本降低10%。

(3)产品成本降低5%。

(4)培养50名店长级人才。

经营目标是有了,但是具体该如何把这些目标落实到各个部门和个人呢?

1. 明确各部门岗位职责

部门岗位职责是实现企业战略目标的关键,是企业战略目标的分解依据。在进行各部门岗位职责规定的时候,要根据公司的业务流程,按照相近、相似的原则,将职能分类划分到一起,防止交叉、多余、分散、弱化等情况。在进行岗位职责梳理时,要采用职责匹配表,确保部门职责有效的分解到各岗位。

2. 确定公司年度总指标

公司年度目标是企业绩效指标分解的龙头。公司级指标主要集中于公司运营效率和发展能力,考虑到公司尚处于发展期,在重点关注利润额或投资回报率的同时,要对结构调整性指标适当关注,在员工结构、门店布局等方面,既要实现公司当年经济效益,又要引导公司向健康状态发展。在确定公司指标的过程中,要运用关键成功因素法。

3. 指标分解到部门及个人

部门职责一旦明确,每项职责相对应的考核指标也就相应明确,在确定职责对应的指标时,要根据相对的重要性确定各项职责的权重,然后确定职责,将指标分解到部门,由部门分解到个人。

企业经营和部门管理职责不同,因此分解指标的方法也不一样,主要部门目标分解可按以下规则操作:

(1)运营部:对营业额、营业费用、新开发客户、利润、客户满意度等方面负责。销售收入提升20%由运营部负责。

(2)采购部:材料采购、材料检验等方面承担责任。采购成本降低10%由采购部负责。

(3)生产部:对产量、生产事故、生产质量、工艺消耗、材料损耗、安全等负责。产品成本降低5%由生产部负责。当然研发部在产品设计阶段的研究成果对产品成本起了先天作用,如果条件成熟,研发部也要参与进来。

(4)财务部:对营业数额、利润额、供应商考核、成本、材料、入库合格、库存材料等负责。财务部负责总体收入、成本、利润的监督,每个月通报指标完成情况。

(5)人力资源部:对员工计划执行、跟踪检查、考核、指标分解落实跟踪、检查、考核负责。培养50名店长的工作由人力资源部负责。

个人指标分解方面,以运营部举例,"销售提升20%"这个任务,需要提升销售收入金额为8 000万元,那么部门的任务就是8 000万元。假设部门下面有8个销售员,可以考虑用平均值进行分解,即每人需要提升1 000万元的销售收入,当然也可以按照不同市场的成熟度进行分解,比如销售员1所在的地区市场份额大,且潜力也大,可以给他分解2 000万元的销售收入;销售员7所在市场潜力弱、开发困难,可以给他分解500万元的销售收入。这个需要上下沟通,达成一致,才有利于三级指标的落实,要不硬压下去的高压指标,不但起不到好的效果,还会把人才逼走。公司绩效指标分解过程,可以参考图2-9所示。

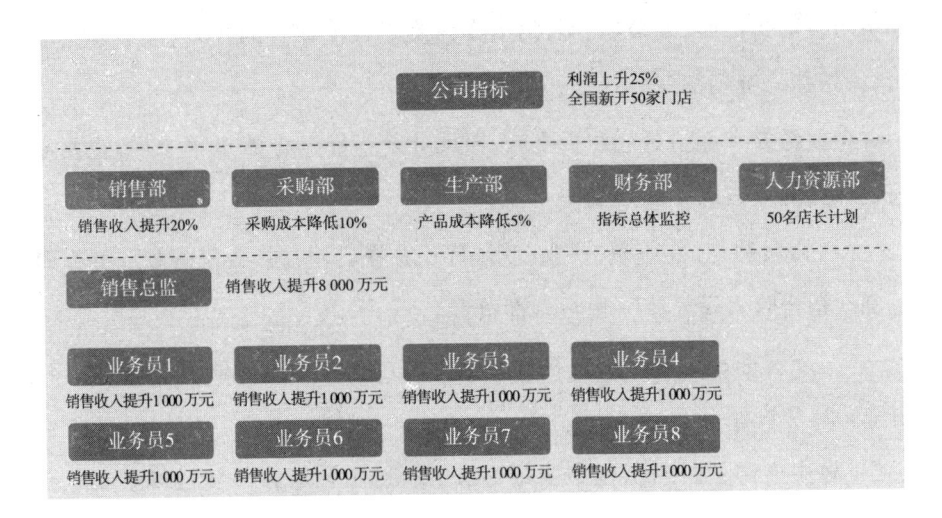

```
                                        公司指标    利润上升25%
                                                  全国新开50家门店

    销售部        采购部        生产部        财务部        人力资源部
  销售收入提升20%  采购成本降低10%  产品成本降低5%  指标总体监控    50名店长计划

    销售总监    销售收入提升8 000万元

    业务员1      业务员2      业务员3      业务员4
  销售收入提升1 000万元 销售收入提升1 000万元 销售收入提升1 000万元 销售收入提升1 000万元
    业务员5      业务员6      业务员7      业务员8
  销售收入提升1 000万元 销售收入提升1 000万元 销售收入提升1 000万元 销售收入提升1 000万元
```

图 2-9　指标分解过程

综上所述，绩效管理是公司战略落地的推手，任务分解要按照公司、部门和员工三个层级进行分解，并进行年终考核，实施奖惩，激励全员完成公司目标，这个就是绩效管理的作用。

2.3.3　绩效指标体系的设计

绩效管理和考核中，最核心的内容莫过于绩效指标体系的设计。以财务自身的指标体系设计来举例：可以考虑从使用平衡记分卡的思路来确定，平衡记分卡的四个维度包括财务（financial）、客户（customer）、内部运营（internal business processes）、学习与成长（learning and growth）。

（1）财务指标：主要反映公司经营成果，包括收入增长率、收入结构、降低成本的情况、生产效率情况、资产使用情况和投资效益等。但是财务指标有滞后性的缺点，且不能反映企业运营全貌，需要非财务性指标进行支撑，例如产品质量情况、生产时间、生产效率和新产品研发情况等。

（2）客户指标：主要反映企业提供的产品或服务是否使客户满意，包括市场份额、老客户挽留率、新客户获得率、顾客满意度、从客户处获得的利润率等。该指标是以目标顾客和目标市场为导向,评估提供的产品或服务是否能够满足核心顾客的需求。

(3)内部营运指标:主要指企业内部流程的目标与指标,包括企业的改良/创新过程、经营过程和售后服务过程。该指标用于衡量那些与股东和客户目标息息相关的流程,以客户满意度和实现财务目标影响最大化的业务流程为核心。既包括短期的现有业务的改善,又涉及长远的产品和服务的革新。

(4)学习与成长指标:主要指为了实现其他三个方面的目标而进行的能力学习和提升,主要包括员工的能力、信息系统的能力、激励授权与相互配合。当今时代竞争激烈,削减对企业学习和成长能力的投资虽然能在短期内增加财务收入,但由此造成的不利影响将在未来对企业带来沉重打击,因此要对员工的能力提升进行适当投入。

传统的财务会计模式只能衡量过去发生的事情(落后的结果因素),但无法评估组织前瞻性的投资(领先的驱动因素)。在工业时代,注重财务指标的管理方法还是有效的。但在信息社会里,传统的业绩管理方法并不全面,组织必须通过在客户、供应商、员工、组织流程、技术和革新等方面的投资,获得持续发展的动力。正是基于这样的认识,平衡计分卡方法认为,组织应从四个角度审视自身业绩:学习与成长、业务流程、顾客、财务。

当然,将平衡记分卡这个战略工具用于员工考核指标的确定,还比较局限。国内的实践证明,必须将其灵活使用,才能适用于国内企业的实际情况。

从考核指标的类型看,主要有以下三类:

(1)结果型指标:主要是用关键绩效指标(KPI)来进行,KPI是用于衡量工作人员工作绩效表现的量化指标,是绩效计划的重要组成部分。

这类指标通常需要有明确的数值作为标准,达到了得满分,超过了适当加分,没达到会减分。例如,假设公司某销售经理有两项 KPI 指标,一项为销售额,占比 80%;另外一项为回款额比例,占比 20%。两个指标的考核标准见表 2-25。

如果销售经理 2024 年完成了 1.5 亿元的销售额和 75% 的销售回款,则对应指标值和权重,计算出 2024 年的考核得分为 72 分,如果满分年终奖为 100 万元,则当年的年终奖就是 72 万元。计算过程见表 2-25。

表 2-25 结果型指标计算表

KPI	比重	考核标准	完成得分	实际完成	实际得分
销售额	80%	2 亿元以上	110	1.5 亿元	70
		1.8 亿~2 亿元	100		
		1.5 亿~1.8 亿元	80		
		1.2 亿~1.5 亿元	70		
		1.2 亿元以下	0		
回款率	20%	90%~100%	110	75%	80
		80%~90%	100		
		70%~80%	80		
		60%~70%	60		
		60% 以下	0		
考核总得分					72

结果型指标适用于能够明确用数值衡量的指标,例如销售收入达到 2 亿元,预算准确率达到 95%,应收账款降低到 5 000 万元等这类可以明确统计的指标。

结果型指标只注重结果,不考虑过程。如果一个企业只用结果型指标,那么显然没有办法全面、客观地评价员工努力工作的程度。

可以参考类似的模式,设计一个侧重结果型的财务经理、主管会计和销售会计的考核指标,见表2-26。

表2-26 以KPI为主的财务岗位考核表

职位	KPI	权重
财务经理	公司收入预算完成	20%
	公司利润预算完成	30%
	应收账款从3亿元降低到2.5亿元	20%
	保证公司资金流顺畅	20%
	员工满意度比上年度提升	10%
主管会计	财务部绩效目标综合完成率	30%
	审计报告	20%
	会计差错比2022年降低30%	20%
	结账加班时间比2022年降低50%	20%
	下属员工满意度比上年度提升	10%
销售会计	主管会计目标综合完成率	20%
	应收账款从3亿元降低到2.5亿元	30%
	销售收入政策/流程/规范性提升	20%
	资金与发货风险有效管理	20%
	内部客户满意度比上年度提升	10%

(2)过程型指标:指在工作中表现出的态度是否积极,责任意识是否足够,各个项目的工作是否按照目标时间和质量完成等。整个角度就比较人性化了,可以采取自评和领导评价的形式,为的是更加肯定员工的积极付出。有些时候,由于客观原因,比如经济形势或者行业竞争态势突然变化,导致商品销售大幅下降,使得销售人员的销售额指标得不到足够高的分数,那么领导就可以从过程型指标入手,给予员工加分,增加

员工绩效考核得分,从而鼓励员工继续努力,减少客观形势对员工工作热情的影响。

(3)能力型指标:指员工的业务能力、执行能力、计划协调能力、团队管理能力等。员工是企业的财富,如果一个企业都是能力很强的员工,这个企业的战斗力也必然会强。如果一个企业的员工能力都非常弱,则这个企业的发展后劲必然会受到影响。所以,为了保证员工的能力能够持续与企业发展水平相匹配,这个维度的考核也十分重要。

这三个指标的关系是:如果一个企业的管理十分成熟,员工的能力强,学历高,那可以多设置一些结果型指标,但是对于大部分中小型企业,很多时候过程型指标和能力型指标也非常重要,因为员工本身能力不是很强,需要企业来培养,但是企业又没有太多的资源给予投入,这种情况下,企业就会把过程和能力指标加入员工考核评分标准中,督促员工进行自学和自我提升。

这里,结合以上几个维度的指标体系,提供一份财务报表岗位的绩效考核方案作为参考,见表2-27。

指标和表格都只是工具,要应用好绩效考核,就需要按照以下环节进行科学管理。

(1)经理为每个岗位设定业绩重点及衡量标准。

(2)经理与每个员工沟通绩效重点与衡量标准,并探讨实现目标的方式和可能。

(3)经理经常为员工目标、任务完成情况进行评估和辅导,协助其达成目标。

(4)经理对下属绩效完成情况进行打分、评价、兑现奖励。

(5)经理与员工针对之前的业绩完成情况总结经验教训,提出改进措施。

第 2 章 财务 BP 对企业经营管理的支撑

表 2-27 财务报表岗位月度考核表

类 别	名称	权重	定 义	目标值	计分方法	初评人 1	终评人
关键业绩指标 KPI（60 分）	财务报表	60	考察财务报表编制，经营分析及各项核对账财务核对工作 1. 编报快报月度及快报经营分析 2. 编报月度财务报表及月报经营分析 3. 完成年度财务决算工作，配合会计师事务所完成年度财审计和企业所得税汇算清缴工作 4. 公司季度经营分析会相关材料准备工作 5. 财务对账工作，主要是财务总账与现金，银行日记账的对账及公司银行存款账与银行存款余额对账单的对账，并编制银行存款额调节表 6. 总账管理工作，主要是做好日常会计处理的监督检查工作，财务系统维护工作及会计核算手册的维护工作等 7. 领导交办的其他事项	在权重分基础上加减分	按时准确完成公司财务报表编制及经营分析工作，得权重基准分 √财务报表编制工作及时准确，得到公司表扬，1 次加 2 分 √经营分析报告相关内容得到公司及相关部门表扬，1 次加 2 分 ×财务报表编制工作发生重大错误，受到公司批评，1 次扣公司表扬，按出现差错次数相应扣分 ×经营分析报告相关内容重大错误，造成公司决策损失，产生重经济损失，1 次扣 2 分 ×年度财务决算工作及审计工作，达不到要求及计划，受到集团公司批评，1 次扣评，1 次扣评 1 分	本人	部门领导
重要任务 GS（30 分）	月度任务	30	月度重点工作任务或临时性工作，当月无任务，得基准分	在权重分基础上加减分	采用（0～0.7）—0.8—0.9—1.0—1.1—1.2 分段评分法；1.0 为基准分 得分 = ∑ GS 任务分段系数 × 滚动权重 × 主动创新系数	本人	任务验收者

67

续上表

类别	名称	权重	定义	目标值	计分方法	初评人	终评人
关键行为指标KBI(10分)	职业道德	4	遵守公司各项规章制度、行政管理规定、财务管理制度，按财务相关工作制度办理，做到廉洁自律	在权重分基础上加减分	按公司各项管理制度办事，做好廉洁自律，符合要求，得基准分 √弥补相关制度的不足，避免了不良结果，1次加1分 √严格按规章制度办事，受到公司及领导表扬，1次加2分 ×违反公司及财务相关管理制度，1次扣1分 ×其他不符合规定的行为，被领导或公司提出批评的，1次扣1分	本人	部门领导
	沟通协作	4	考察内外沟通协调情况。积极主动与同事协作配合，提供帮助的质量、效率、信赖度等情况	在权重分基础上加减分	做好本职业务内相关服务沟通工作，符合工作要求，得基准分 √较好的沟通和协调，解决工作中存在问题，并获得表扬，1次加1分 √在本职工作之外，能积极配合同事工作，获得同事的好评，并提出给予奖励的，1次加2分	本人	部门领导

第2章 财务BP对企业经营管理的支撑

续上表

类别	名称	权重	定义	目标值	计分方法	初评人1	终评人
关键行为指标KBI（10分）	沟通协作	4	考察内外沟通协调情况。积极主动与同事协作配合，提供帮助的质量、效率、信赖度等情况	在权重分基础上加减分	×因沟通协助不够，造成工作出现差错的，1次扣1分 ×不服从安排，不配合部门同事开展工作，被领导批评或同事指出经核实确凿的，1次扣1分 服务态度良好，符合职业规范，文明有效服务。得权重基准分 √热情耐心主动服务（包括同事、下属部门等），解决员工实际困难，获得员工表扬，1次加1分	本人	部门领导
	工作态度	2	考察工作责任心，敢于承担责任，执行力，积极主动性，服从管理，服务意识及态度，是否为员工提供更优质、高效的服务	在权重分基础上加减分	√工作责任心强，敢于承担责任，执行力强，受到公司或其他二级部门表扬，1次加2分 ×不服从部门领导工作安排，或责任心不强造成工作疏漏，影响较小且可弥补的，1次扣1分 ×对员工服务意识不够（包括同事、下属部门等），态度不好，受到员工投诉经核实确凿的，1次扣1分	本人	部门领导

69

续上表

类别	名称	权重	定义	目标值	计分方法	初评人1	终评人
否决指标 NNI	否决指标	不设权重，直接扣分	涉及重大违纪、重大影响和经济损失的情况，直接加重扣罚，直至一票否决		×无故旷工不足1天，绩效考评直接为E档 ×无故旷工1天不足2天，当月绩效工资只发50% ×无故旷工2天不发当月绩效工资，按公司员工奖惩规定处理 ×本月发生工作差错，产生较大影响，且较难挽回影响或不能弥补问题的，根据造成影响或经济损失视情形按下列扣罚 1. 公司内部造成影响或经济损失在5 000元以内，扣10分 2. 对公司及外部造成较大影响且经济损失超过5 000元至10 000元的，扣20分 3. 对公司经济损失10 000元以上的，扣除本月绩效工资 4. 违反人力资源工作制度，出现重大工作差错或廉洁问题的，情况给予10~30分扣分 5. 可以视差错情况，领导给予直接确定考核等级为E，绩效工资扣罚至0元	本人	部门领导

绩效循环中的各环节要点参考,如图 2-10 所示。

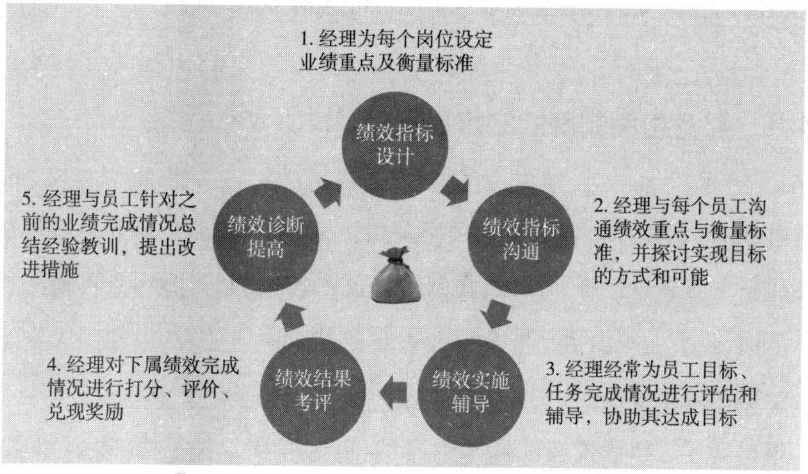

图 2-10 绩效循环

图 2-10 中的绩效循环只是一个小的循环示例,那么绩效管理在公司层面的管理中,是怎样循环的呢?具体如下:

(1)公司制定年度经营方针、战略目标。

(2)制定公司战略地图。

(3)根据战略地图,运用综合平衡记分卡的方法制定公司绩效指标。

(4)根据公司绩效指标,结合各部门的工作目标和工作职责,制定部门绩效指标。

(5)根据部门绩效指标,制定员工绩效指标。

(6)实施运用,中间包含数据收集、汇总、核算、确认,最后运用于薪酬等。不能缺少的就是绩效的公示。

绩效管理工作是非常重要的,在梳理方案的过程中,可以让各个岗位之间的职责更加明确,指标层次得到分解,使考核更加精准,从而激发管理者和员工的工作热情,使他们更有动力地投入到工作中。

2.4 打造安全合规的制度管理体系

2.4.1 财务相关制度的制定依据

财务 BP 的工作内容中有一项至关重要,那就是按照公司业务需求制定相关的制度或者规定等。那么,在制定制度的时候,都需要参考哪些法律法规?下面,将概述国内主要涉及财务业务的相关法律法规,以便为大家提供一个全面的法律参考。

根据会计法律法规权威性和内容的不同,其层次关系为:第一层次,会计法;第二层次,财务会计报告条例;第三层次,会计准则;第四层次,会计制度和财政部制定的补充规定或暂行规定。财务制度参照的主要法律法规见表 2-28。

表 2-28 财务制度参照的主要法律法规

序号	名 称	执行日期	主要作用
1	《中华人民共和国会计法》	2000 年 7 月 1 日起施行	规范会计行为总纲性的文件,会计的最高法规
2	《企业会计制度》	2001 年 1 月 1 日起施行	对会计要素的确认、计量、披露或报告等作出规定。会计科目怎么用,都可以在这里找到最源头的解释
3	《企业会计准则》	2007 年 1 月 1 日起施行	
4	《小企业会计准则》	2013 年 1 月 1 日起施行	
5	《会计基础工作规范》	1996 年 6 月 17 日起执行	为加强会计基础工作,建立规范的会计工作秩序,提高会计工作水平。对记账、登记账簿、编制报表、会计岗位设置等都做出的要求。如果不知道怎么建立自己企业的会计制度,可以参考该规范

续上表

序号	名称	执行日期	主要作用
6	《企业财务通则》	2007年1月1日起施行	主要是针对国有企业财务管理方面的，民营企业完善财务管理，也可以参考
7	《企业财务会计报告条例》	2001年1月1日起施行	规范企业财务会计报告，保证财务会计报告的真实、完整；上市公司，还要遵循证监会的有关规定
8	《会计档案管理办法》	2016年1月1日起施行	档案管理规范的源头文件
9	《企业内部控制基本规范》	2009年7月1日起施行	为中国企业首次构建了一个企业内部控制的标准框架，有效解决政出多门、要求不一、企业无所适从的问题。基本规范的发布标志着我国内部控制的标准体系、企业用以规范发展、规避风险的指南初步建立起来
10	《企业内部控制配套指引》	2011年1月1日起施行	包括18项《企业内部控制应用指引》《企业内部控制评价指引》和《企业内部控制审计指引》，连同此前发布的《企业内部控制基本规范》，这些文件共同标志着适应我国企业实际情况、融合国际先进经验的中国企业内部控制规范体系已基本建成
11	《小企业内部控制规范》	2018年1月1日起施行	指导小企业建立和有效实施内部控制，提高经营管理水平和风险防范能力，促进小企业健康可持续发展

从财务相关法律法规的历史沿革来看，《中华人民共和国会计法》是2000年7月1日开始实施的，《企业财务会计报告条例》是2001年1月1日开始实施的，这两部法规在财务法律体系中具有最高的法律效力，其他相关规定与其不一致的话，优先参照这两个法规。

另外，我国的会计制度和会计准则是经过漫长的实践积累和探索逐步形成的体系。为了使我国企业尽快融入国际贸易体系中，以国际企业会计准则为范本,结合我国企业发展的特点,我国于2006年颁布了《企业会计准则——基本准则》,同时按企业会计准则要求修订了《企业财务通则》。自2007年1月1日起开始施行的《企业会计准则——基本准则》和38项具体准则以及应用指南。

需要补充说明的是,《小企业会计准则》适用于"不对外筹集资金、经营规模较小的企业",是否属于小企业标准可以依据国家统计局等发布的《中小企业标准暂行规定》。也就是说,必须得足够小才可以用《小企业会计准则》。比如你现在的企业是零售业,那企业从业人数300人以下或者营业收入2亿元以下的中小微企业就可以执行这个准则。

内部控制制度是现代企事业单位对经济活动进行科学管理而普遍采用的一种控制机制,贯穿于企业经营活动的各个方面,只要存在企业经营活动和经营管理,就需要有一定的内部控制制度与之相适应。《企业内部控制基本规范》为千差万别的企业建立、健全内控制度提供了基本框架,《企业内部控制配套指引》的18条应用指导对应的环节如下:

> 内部环境类:1.组织架构;2.发展战略;3.人力资源;4.企业文化;5.社会责任。
>
> 控制活动类:6.资金活动;7.采购业务;8.资产管理;9.销售业务;10.研究与开发;11.工程项目;12.担保业务;13.业务外包;14.财务报告。
>
> 控制手段类:15.全面预算;16.合同管理;17.内部信息传递;18.信息系统等指引。

《企业内部控制评价指引》为企业管理层对本企业内部控制有效性进行自我评价提供的指引;《企业内部控制审计指引》可以作为注册会计师和会计师事务所执行内部控制审计业务的执业准则,标志着"以防范风险和控制舞弊为中心,以控制标准和评价标准为主体"的企业内部控制规范体系建设目标基本建成;是继我国企业会计准则、审计准则体系建成并有效实施之后的又一项重大系统工程。

2.4.2 设计适合公司的业务制度

从财务 BP 的工作角度来看,让公司各项业务符合法律法规要求是最重要的前提。另外,在什么情况下需要制定或者修订制度,要符合公司实际情况。一般来讲,公司要制定一个制度,除了符合法律法规运作,还要考虑以下几个出发点:

(1)装点公司门面。通常情况下,一个公司制度设置得全面,会让这个公司管理更加规范。

(2)出于政治考虑,主要领导手上要抓住人、财、物的某些权力,必然需要有制度来作为支撑。

(3)方便工作。让好不容易形成的一致意见或者已经形成既定流程的工作变成制度,会大幅度提高工作效率。

(4)堵住管理漏洞。比如仓库内部人员总有人私自拿走东西卖掉,这就需要补充仓库日常管理的制度,防止类似现象再次发生。

在制度形式方面,也要符合公司的实际情况。一个成熟的财务 BP 要根据公司的规模和实际工作需要,灵活制定制度,包括规定、办法、流程、表格(授权表)、组织架构图、工作手册、岗位工作职责等。不需要凡事都事无巨细地弄一大堆制度,产生形式主义。制度就是要符合公司实际,如果两个岗位工作职责就能把两个人之前职责不清的问题解决掉,那下发岗位工作职责就够了,等到公司发展到一定规模,再去逐步丰富各个线条业务的制度数量和内容。所以说,还是那句话:制定制度要符合公司实际,包括公司发展的阶段、规模、领导的要求以及业务的实际需求等。

以下是制定制度的设计步骤：

(1)梳理风险点,说白了就是哪个风险最大就从哪块入手。例如差旅费被套取(或挪用)的风险大,那就从差旅费入手。

(2)梳理工作职责。例如差旅费这项工作具体是谁来管理,哪些人分别负责管理哪些阶段。

(3)梳理细节。例如哪个环节需要哪些权利,监控点设置在哪里比较合适,哪个节点需要哪些人签字和承担责任等。

(4)形成具体的文字制度、流程或者表单,一般来讲,上线 ERP 等信息系统的企业会优先用流程,文字性的制度会少一些。

这里以实际案例来说明如何利用上述的四个步骤制定差旅费的相关规定。

第一,差旅费管控的风险点是:公司目前差旅费就是实报实销,导致年度差旅费金额巨大,企业高层想把这个事情控制住。

第二,现在差旅费管理混乱,只要是部门负责人签字,分管副总签字,就可以报销差旅费。

第三,经过分析,认为差旅费的管控主要是没有进行集中管理,包括预算的源头管理、出差的消费标准以及日常费用的统一管理都没有建立起来,导致管理混乱。

第四,结合以上分析,我们将差旅费管理制度进行了制定,具体如下：

ABC 有限公司差旅管理制度

第一章 总 则

第一条 为规范公司差旅费管理,加强公司内部控制,特制定本办法。

第二条 差旅费开支范围只包括：交通费、住宿费、伙食补助。其他费用的发生，一律不予以报销。

第三条 本办法规定的出差是指本公司员工因公事外出，离开公司所在城市，当天不能返回的情况。

第二章 细　则

第四条 国内出差：出差人员应提前写书面申请，由本部门经理审批；部门经理及以上级别人员，由其直接上级审批；未经批准擅自出差的，公司不予报销差旅费用。出差后的报销审批适用以上规定，且审批经由总经理审批。总经理的报销，由董事长审批。

第五条 国外出差：国外出差的审批一律由公司总经理进行，到国外出差的，要事先做出出差的详细开支测算，出差的实际开支不得超过该测算。

第六条 费用和补贴标准：

出差人员按照等级乘坐合适的交通工具；未按规定等级乘坐交通工具的，超支部分自行承担。任何人不得超标乘坐交通工具，如确实属于该等级交通工具座位无票的情况，需要购买高一级交通工具的，经总经理事先审批方可乘坐高等级交通工具。具体如下（表 2-29）：

表 2-29　差旅交通及自驾报销

职　务	飞机	高铁	火车	汽车	轮船	自驾
公司领导	公务舱	一等座	软卧	卧铺	头等舱	实报
部门正副经理	经济舱	二等座	硬卧	卧铺	二等舱	实报
员工	经济舱	二等座	硬卧	卧铺	二等舱	实报

注：路程 300 公里以上不得自驾。

第七条 住宿及差旅费补贴标准如下(表2-30):

表 2-30 差旅住宿及补贴标准

职务	住宿标准(元)			补贴标准(元)		
	一线城市	省会城市	其他	一线城市	省会城市	其他
公司领导	800	700	500	250	200	150
部门正副经理	500	350	300	200	150	100
员工	300	250	200	150	100	80

注:一线城市包括北京、上海、广州、深圳。

第八条 对于受邀参加且组织方已事先安排住宿地点的会议,按照会务组安排实报实销。

第九条 12:00以前离开本市,计算全天补助;12:00以后离开本市,计算半天补助。12:00以前返回本市,计算半天补助;12:00以后返回本市,计算全天补助。

第十条 在出差地因公用车,可使用出租车服务,实报实销。

第十一条 机票中可包含一份保险,实报实销。

第十二条 部门经理以上(含)出差,可按照每人一间标准住宿;其他人员,同性别的按照每两人一间的标准住宿。

第十三条 出差地办事机构招待食宿的,不得报销住宿费,也不发放当日补助。

第十四条 所有票据应符合国家税票相关规定,必须是合法票据,经涂改的票据无效。

第十五条 出差回来后,应在两周内及时报销。

第三章 附 则

第十六条 本制度由集团经理工作部负责解释。

2.4.3 如何让制度有效运转

制度虽然制定了,但是执行起来也是有难度的。很多公司经常念叨的一句话就是"制度好定,执行太难",制度为什么执行不下去或者执行得不彻底呢?主要原因如下:

(1)主要领导不带头;

(2)公司管理文化不好,不执行制度是常事;

(3)制度本身设计有问题,不便于执行;

(4)制度跟不上形势,已经落后了,没法执行;

(5)没有人系统地督导制度执行,也不知道制度是否还有效;

(6)协调不动,推进不下去。

知道了制度执行为什么推行不下去,自然也就可以对症下药了。要让制度有效运转,需要做到以下几点:

(1)一把手牵头推进制度执行,营造公司规范管理的氛围;

(2)由行政管理部门或者类似部门牵头定期进行制度执行情况检查,确保制度执行到位;

(3)对制度进行梳理,并对管理人员进行问卷调查,对发现的问题进行梳理后,对设计不合理以及落后的制度进行更新完善,确保制度能够有效提升企业管理水平;

(4)对制度执行情况要由一把手牵头召开相关会议,集中讨论制度执行中难以协调的问题,会上一并解决。

第 3 章

财务BP对业务部门的支撑

在高度专业化的现代企业管理中,财务BP作为财务与业务管理综合角色日趋重要。本章详细剖析了财务BP如何为业务部门提供全面、精准的支持。从合同风险的精细识别与防控,到销售定价策略的系统制定;从生产成本控制的战略部署到运营资金的优化调度;再到项目财务管理的专业运作,每一步都体现了财务BP的专业素养与深厚功底。

3.1 对商务活动的支撑：如何防范合同风险

3.1.1 合同签订有哪些风险

财务BP在企业合同管理过程中扮演着重要的角色，他们能够提供专业的财务建议和技术支持，确保企业获得最有利的合同条款，并帮助企业降低或规避潜在的财务风险。财务BP在企业签订合同的过程中，发挥的主要作用包括：

（1）识别和评估潜在风险，主要是确保合同符合企业内部的合规政策和法规要求，防止合同条款因违反规定而面临财务风险，包括评估价格、付款方式、税务等条款的财务影响，也包括评估业务条款和对方信用记录等方式，协助制定风险管理策略，并采取有效措施以降低或规避风险。

（2）协助谈判，在合同谈判过程中提供财务方面的专业建议和意见，确保企业获得最有利的合同条款。

（3）监控合同执行，财务BP可以监控合同的执行情况，以确保双方按照合同条款履行义务。同时，财务BP可以定期向管理层报告合同的财务执行情况，提供分析报告，以帮助管理层做出决策；还可以分析合同的盈利情况、现金流影响等，向管理者提供有价值的建议和意见。

本章主要聚焦财务BP如何识别和评估合同的潜在风险。要想做到充分识别和评估合同风险，首先要能够充分认识合同的风险具体有哪些。

财务BP应关注的主要合同风险包括：主体风险、履约风险、税务风险、法律风险、财务风险等。主体风险方面，主要是主体不妥会存在诈骗风险；履约风险方面，主要是对方的资金、人员、技术是否能够保证合同顺利执行；税务风险方面，主要是防范税费没有约定清晰，导致企业出现税务负担加大的情况;法律风险方面,主要是合同条款本身要合法合规;财务风险方面,主要聚焦在应收账款能否顺利回收等问题上。

3.1.2 如何防范合同的主体风险

关于合同主体风险方面,下面举一个例子来说明。

> 出口商王某经李某介绍曾与某国多个买家成交,并通过李某成功实现收款。某年5月,王某与李某介绍的A企业签订近888万美元的销售合同,销售合同中列明的买方为A企业,但签署人却为李某。王某发货后,A企业以从未与王某签订过销售合同为由拒绝支付货款。经调查,李某假冒A企业的名义与王某订立销售合同,骗取货物后,低价销售给A企业,取得货款后逃匿,王某损失惨重。

这个案例就是典型的没有对合同主体进行充分确认,导致了中间商欺诈行为的发生,所以说,对于合同主体的审核非常重要。

合同主体风险主要包括以下内容。

(1)资质瑕疵:合同主体可能不具备相应的民事行为能力,导致合同效力存在瑕疵。此外,营业执照、组织机构代码证、税务登记证等可能超过有效期或未进行年检,也可能存在未取得生产许可证、特殊产品经营许可证等资质文件的问题。

(2)超出经营范围:合同标的不在对方经营范围之内,或者不具备相应的有效资格、特许经营许可证等。

(3)代理行为存在瑕疵:与无民事行为能力人签订合同,法定代表人签字不真实,存在代签行为。无授权委托书,如未取得授权的分公司及项目部对外签订合同。委托代理人持有的授权书不真实、不具备代理权限、超过有效期等。对额度巨大的合同或者其他事项需企业董事会或股东会决议的,未取得相应的决议文件。

(4)合同变更风险:在对合同条款进行修改或变更时,未签署补充协议,在合同文本中存在手写修改,却未加盖双方印章。

针对以上风险,财务BP可以采取以下举措对合同主体风险进行防范。

(1)核实对方身份和资质:在签订合同前,应通过多种渠道核实对方的身份和资质,确保对方具有签订合同的合法资格,防止出现假冒身份等情况。若对方派出签约代表,需要核实签约代表的身份信息和授权情况,防止出现冒签、代签等风险。

(2)审查对方过往信用记录:通过查询对方过往的信用记录,了解对方在业界的信用状况,避免与信用不良的主体签订合同,防止出现没有能力履约的情况。

(3)明确合同主体的权利义务:在合同中明确约定双方的权利义务,防止出现主体混淆、权利义务不明确等问题。

(4)加强合同履行监督:在合同履行过程中,应加强监督和跟进,及时发现和解决可能出现的问题。若出现合同修改的情况,应按照企业流程做好合同修改过程的审核工作。

总的来说,防范合同主体风险需要企业在合同签订前对对方进行全面的审查和评估,并在合同中明确约定双方的权利义务和相关条款。同时,在合同履行过程中,应加强监督和跟进,及时发现和解决问题,确保合同的正常履行。

3.1.3 如何防范合同的履约风险

关于合同履约风险方面,下面举一个例子来说明。

> 某年6月,王某与张某签订了买卖合同,约定张某向王某购买加工成品建筑材料波纹管,共计发生货款88万元,但未约定包装标准和费用等问题。同年7月,王某自行以木箱包装货物并按约交付给张某,要求张某支付货款88万元和包装费3万元。张某收到货物后支付了货款88万元,但不肯支付包装费。随后,王某向法院提出诉讼,向张某索要货物包装费3万余元及利息。法院认为在双方未约定包装标准和费用的情况下,根据《中华人民共和国民法典》第六百一十九条的规定:"出卖人应当按照约定的包装方式交付标的物。对包装方式没有约定或约定不明确,依据本法第五百一十条的规定仍不能确定的,应当按照通用的方式包装;没有通用方式的,应当采取足以保护标的物且有利于节约资源、保护生态环境的包装方式。"王某应采取通用或者足以保护货物的方式包装,用木箱包装货物是王某应履行的义务。因此,法院未支持王某的诉讼请求。

这个案例就是典型的没有对合同履约的具体条款进行充分确认,导致王某白白搭进去包装费用。

合同履约风险主要包括以下内容:

(1)价格风险:未明确约定价格及付款方式,可能导致双方对合同价格产生分歧,影响合同的正常履行。

(2)工期风险:未明确约定工期,或者约定的工期不合理,可能导致工期延误,影响项目的进度和交付时间。

(3)质量风险:未明确约定质量标准和质量验收方法,可能导致质量问题,影响项目的质量安全和信誉。

(4)知识产权风险:是否明确约定了知识产权的使用权限,以及是否存在未经授权使用知识产权的情况。

(5)交付物风险:对标的物的品牌、规格、型号、技术参数等约定不清楚,导致无法取得合同预期目的。

(6)验收风险:未按合同约定进行验收,之后提出货物存在质量问题,可能导致丧失索赔权利。

(7)履约能力不足:注册资本低于合同标的额,实际生产能力明显不能满足合同要求,资产负债率高,曾有违约行为,商业信誉不高。

为了降低合同的履约风险,建议在签订合同时明确约定双方的权利义务、违约责任、质量标准等条款,并确保合同条款的合法性和有效性。同时,在履行合同过程中应严格按照合同约定履行义务,并关注对方的经营状况变化,以尽量降低自身经营风险。

针对以上风险,财务BP可以采取以下举措对合同履约风险进行防范。

(1)标的计价方面:一是要合理确定商品单价,作价过高或过低都可能隐含了商业欺诈行为;二是要确认包装物条款,明确包装材料是否单独计价;三是要明确计价货币、佣金、折扣、装卸地、其他费用(包括寄单邮费、电报费、信用证的通知费、修改通知费、议付费、单据处理费等);四是明确标的物的数量条款,约定好计量单位,另外也要明确毛重、净重之类的交付表述,以及自然损耗等内容。

(2)工期方面:①工期的起止时间应以具体的日期或完成工程量的比例来表示,避免产生歧义。②应明确因何种原因可以顺延工期,如发包人原因、不可抗力等,同时,应约定顺延工期的申请程序和确认方式。③明确因承包人原因导致工期延误的违约责任,以及因发包人原因导致工期延误的补偿方式。④在约定工期时,应考虑节假日和气候等因素对施工进度的影响,避免出现工期延误的情况。⑤约定工期调整的程序,如因设计变更、工程量增减等原因需要调整工期的,应明确调整的程序和确认方式。

(3)质量条款方面:①如果约定标的物有国家标准和行业标准,那就按照国家或者行业标准来表述质量；如果没有国家标准和行业标准的，按照通常标准或符合合同目的特定标准去履行。不同行业和产品的质量要求存在差异，因此在审核合同质量条款时，应结合行业特点和产品特性进行考虑。②质量验收的方法和程序要明确，包括验收时间、验收地点、验收人员等，以及验收不合格时的处理方式。③质量保证期要明确，明确在保证期内出现质量问题时的处理方式，以及保证期的起止时间。

（4）知识产权方面：①明确知识产权的归属，包括专利、商标、著作权等，确保企业自身拥有相应的知识产权，并能够合法授权给对方使用；如果涉及保密信息，应当约定保密条款，要求对方对保密信息进行保密，并限制其使用和披露。②约定违约责任，如果对方侵犯了知识产权或违反了保密条款，企业有权要求其承担相应的违约责任。

（5）交付物方面：①明确商品的交付时间和地点，双方应达成一致并在合同中明确规定，以避免因未及时交付或交付地点错误而导致的风险。②卖方应对商品进行妥善的包装和运输，以确保在运输过程中商品不会受到损坏。

（6）验收风险方面：①应当约定验收条款，明确验收标准、方法、时间和地点等，以确保买方能够及时发现商品的质量问题。②约定违约责任，如果对方提供的商品或服务不符合约定，企业有权要求其承担相应的违约责任。

（7）履约能力方面：①在签订合同前，应当对对方的履约能力进行调查，包括其财务状况、生产能力、信誉状况等，以确保对方具备履约能力。②应当约定违约条款，明确对方在履约能力不足时的处理方式，包括中止合同、要求对方提供担保等。③在合同履行过程中，应当定期检查对方的履约情况，及时发现和解决潜在的履约能力不足问题。④如果发现对方履约能力不足，应当及时采取措施，包括要求对方提供担保、中止合同等，以避免损失扩大。

3.1.4 如何防范合同的财务风险

关于合同财务风险方面,下面举一个例子来说明。

> A企业在与B公司签订合同时,因认为B公司规模不大,故要求其提供担保。于是B公司就用董事长乘坐的一辆汽车作抵押,签订了抵押合同,但双方未办理过户手续。之后B公司无力支付货款,A企业欲实现抵押权,将抵押的汽车拍卖以偿付债务。可是有关部门查询后,方知该汽车并非B公司所有,而是向他人借用的,A企业因此遭受不小损失。

这个案例中,财务风险产生的原因主要是A企业在签订合同时未对B公司的财务状况进行充分的调查和评估,没有发现对方提供担保的物品并非其所有,导致最后无法实现抵押权,无法追回货款,造成经济损失。

这个案例给我们的启示是:企业在签订合同时应该充分调查和评估对方的财务状况和信用状况,确保对方有足够的履约能力和担保物品,避免因对方财务问题或担保物品问题导致的财务风险。同时,企业也应该加强合同管理,建立健全的合同管理制度和风险评估机制,降低合同财务风险的发生概率。

合同财务风险主要包括以下内容:

(1)税务风险:合同中税款模糊或税款承担对象不明确,可能引发税务风险,导致企业遭受损失。

(2)收款风险:如果企业没有充分了解客户的信用状况,合作方支付能力不足,可能导致无法按期收到合同款或无法收取所有款项,产生坏账。

(3)资金流风险:经济合同中涉及的资金流,无论是收入或开支,若严重偏离预算,会对企业正常运营需要的资金量产生影响,若产生严重影响,可能会造成破产。

(4)汇率风险:如果企业与国外客户签订合同,涉及跨国货币支付,则会面临汇率风险,汇率的波动可能导致财务损失。

针对以上风险,财务 BP 可以采取以下举措对合同财务风险进行防范。

(1)税务风险方面:财务 BP 要关注合同中约定的税负承担、发票开具等条款是否符合国家税收法律法规的要求。合同中明确约定发票类型的,发票类型需与合同业务内容、业务性质保持一致,审核时应结合以合作对方机构所在地、劳务发生地、业务内容为标准进行判定;对于涉及增值税业务的票据,应标明开具增值税专用发票或者普通发票,以及包含的税率;合同中未明确约定发票类型的,应通过"乙方须提供符合税法规定、甲方财务要求的正规税务发票"等模糊方式进行约定。

此外,还要注意行政事业收据的使用范围,企业与行政事业单位合作的业务事项,合作内容是行政事业单位职责范围内的业务,则对方可以提供行政事业单位专用收据报账;合作内容为超出政府行政事业单位职责范围的广告、宣传、培训等经营性业务,则对方应提供符合税法要求的正规税控发票。签订合同时,还要考虑服务提供方是一般纳税人还是小规模纳税人,需要在合同价款中注明是否包含增值税。另外,合同中要明确提供发票类型、税率的要求,明确提供发票的时间要求及送达方式等。

(2)收款风险方面:财务 BP 要帮助企业建立客户信用管理体系,在合同签订前,按照企业信用管理系统中规定的评价办法,对客户进行信用调查和评估。根据客户的信用等级评定,采取相应的风险控制措施,如要求提供担保、抵押等。明确约定收款时间、方式、金额等细节,确保合同条款的清晰和准确,同时,应约定违约责任和罚则,以便在客户违约时采取相应的法律手段。企业可以购买信用保险,将风险转移给保险公司;或要求客户提供担保人或抵押物等。通过建立风险预警机制,设定应收账款的警戒线,当应收账款超过一定额度时启动预警机制,及时采取合适的法律手段进行维权。

(3)资金流风险:明确约定付款时间、方式、金额等细节,特别是对预付款项、付款进度、验收款的管理要求应特别注意,比如有的企业规定对设备类、物资类采购,原则上不进行预付款,并按执行进度分批次支付货款,具体支付比例依据合作商信用等级确定,确有特殊情况需要支付预付款项的,应经过管理层特殊审批后方可进行。在合同中规定违约责任和罚则,以便在出现资金流问题时采取相应的法律手段。建立合同台账,登记好合同支付的资金量,并对照预算和资金使用计划,及时监控资金情况,防止企业资金出现断流。根据企业的实际情况和合同约定,合理安排支付计划,避免出现资金流断裂的情况,与供应商和客户保持良好的沟通,协调好资金支付和收款的节奏。设定现金流量的警戒线,当现金流量出现异常时启动预警机制。通过外部力量来降低资金流风险,如保险、第三方担保等。

(4)汇率风险方面:在签订合同时,要选择合适的合同货币,尽量选择强势货币作为结算货币,以降低汇率风险,同时可以考虑在合同中约定汇率波动范围,避免因汇率波动造成的损失。可以在合同中增加保值条款,明确汇率变动时的处理方式,例如可以约定当汇率波动超过一定范围时,双方可以协商调整价格或汇率;也可以利用金融工具,如远期结售汇、外汇期权等,来规避汇率风险,通过提前锁定汇率或购买保险等方式,降低汇率波动对企业的影响。财务BP也要关注国际经济形势和政策变化,了解汇率波动的根本原因,以便采取相应的应对措施,将汇率对企业的风险降到最低。

以上就是财务BP在合同中应关注的主要风险和解决对策。合同签的好,企业没烦恼。因为合同签得好,企业经营风险就低了,也可以避免因合同履行问题导致的纠纷和诉讼,让企业能够更加稳健发展。

3.2 对销售活动的支撑:产品定价如何进行

产品定价定得好,企业烦恼少;产品定价定不好,麻烦事情少不了。下面举正反两个例子来说明。

> 小米手机就是定价策略应用较好的案例。小米手机以高性价比著称,通过精准的市场定位和目标客户群体,以较低的价格提供较高品质的产品,吸引了大量消费者。这种定价策略不仅提高了小米的知名度和市场份额,也推动了整个行业的竞争和变革。
>
> 相反,某外国高端品牌汽车在进入中国市场时,采用高价位的定价策略,试图吸引高净值的消费者。然而,由于该品牌在知名度和口碑方面尚未建立起足够的认知度,且中国市场的高端汽车品牌竞争激烈,该品牌的高价位策略未能吸引足够的消费者。最终导致销量不佳,市场表现疲软。

从以上两个案例中,我们可以看出正确的产品定价策略对于一个企业至关重要,合理的定价策略可以帮助保持企业的经营稳定,提高市场竞争力,维持和提升品牌形象,最终实现长期稳健发展。而错误的定价策略对企业来讲无疑是灾难性的,会导致一个产品甚至一系列产品产生亏损,进而对企业的日常经营造成较大影响。

财务BP在产品定价过程中发挥着关键作用,他们不仅提供专业的财务分析支持,还要参与跨部门协作,确保企业能够制定出合理、有效且具有竞争力的产品定价策略。

3.2.1 价格的影响因素有哪些

产品(也可以是服务)的价格不是想定多少就定多少的,一般来讲,产品的价格是有上下限约束的。如果产品的价格高于社会上普遍顾客的心理接受度,即高于上限值,那么产品生产出来可能也没有用,因为社会需求低,产品卖不出去;产品价格的下限值是成本,低于成本的销售行为是不会长久的,长期的亏本销售会给企业带来巨大的资金缺口,不可持续,严重的话会导致企业破产。

那么,产品的定价都需要考虑哪些因素?主要包括以下内容。

(1)市场供需情况。如果市场需求大于供应,价格往往会上涨;反之,如果供应大于需求,价格往往会下降。

(2)消费者的行为。消费者对产品的认知价值、品牌忠诚度、购买习惯等因素也会影响价格。例如,对于一些奢侈品牌来说,能够长期购买这些品牌产品的消费者都是高净值人群,对价格不太敏感,所以这些奢侈品牌的制造商在定价时,都不是以成本定价的,而是以符合消费者定位的价格来确定价格策略。

(3)产品成本因素。企业需要确保产品售价能够覆盖成本并获得预期的利润。产品的成本包括生产成本、运输成本、销售成本等,成本与价格之间需要达到一定的平衡,以实现盈利目标。

(4)竞争环境因素。竞争环境至关重要,定价不仅要盯着企业产品的实际情况,也要盯着竞争对手的产品成本、价格策略和市场占有率等重要信息,确保企业的产品价格在市场上具有竞争力,不被竞争对手的产品淘汰,并占有更大市场份额。

(5)宏观经济因素。经济增长趋势、通货膨胀、货币政策等都会对价格产生影响。例如,通货膨胀会导致价格上涨,而货币政策的变化可能会影响企业的融资成本和资本支出,从而影响产品定价。

(6)区域市场特征和消费习惯。不同地区的市场和消费习惯对价格的影响也存在差异。例如,不同地区的消费水平、购买力和竞争状况等都会影响产品价格的制定。同时,不同地区的消费者对价格的接受程度和支付能力也不尽相同。

(7)法律法规和政策监管的要求。法律法规和政策监管对价格的影响也不容忽视,政府对价格的监管政策和法规可能会限制企业的定价策略,例如限制垄断定价、禁止不正当竞争等。企业需要遵守相关法律法规和政策监管的要求,合理制定价格策略。

3.2.2 制定产品价格的五步法

制定产品价格一般有五个步骤,分别是:确定定价目标、确定客户需求、分析竞品情况、估算产品成本、运用定价方法。接下来,按照这五个步骤给大家做讲解说明。

1. 确定定价目标

产品定价目标是放在第一位要考虑的事情。因为一个企业的产品定价合理,不光只是让产品可以卖出去,还要通过产品的销售实现企业的目标。企业一般制定产品价格要实现的目标有以下四点。

(1)利润最大化。利润是企业经营的最终目标,企业追求实现最大化的利润,即以获得最大利润为定价目标。这种定价策略适合产品具有独特性,市场竞争对手不足以与之对抗,或者消费者对该品牌的产品忠诚度较高。

（2）市场份额最大化。通过制定价格来影响销量,吸引更多的消费者购买以增加销量,进而扩大市场份额和提高市场占有率。这种定价策略适合市场对价格的变化反应敏感,低价能有效刺激销售增长,并且企业具备大批量生产的能力,能够在经验曲线作用下降低生产和分销成本。

（3）以抑制或打败竞争对手为目标。企业通过制定具有竞争力的价格策略来抑制或打败竞争对手,以扩大市场份额和增加销售量。这种定价策略的目的是基于以下几种情况:①竞争对手采取低价策略来争夺市场份额,企业可以考虑采取相同或更低的价格来应对竞争;②在产品同质化严重的市场中,企业需要通过价格策略来突出自己的竞争优势;③在市场份额争夺激烈的行业中,企业需要采取有效的价格策略来保持或扩大市场份额;④企业的品牌知名度不高,可以通过价格策略来吸引消费者,提高品牌知名度和市场份额。

（4）市场撇脂最大化。市场撇脂最大化是指企业利用高价策略,将产品以最高的价格卖给市场中最有钱的客户,等这一部分客户购买得差不多了,再减价卖给中档客户,最后以低价甩卖,占领市场,处理旧型号产品。市场撇脂最大化定价策略适合在消费者购买力强、产品具有独特性或品牌忠诚度高、产品具有独特性且市场上暂时没有竞争对手推出同样的产品、品牌在市场上具有足够影响力的情况下使用。

2. 确定客户需求

在定价之前,企业需要对目标客户的需求进行深入了解,通过市场调研、客户访谈等方式,了解客户对产品的期望、价格敏感度、购买决策过程等信息,以便制定更符合客户需求的定价策略。在价格敏感度方面,企业需要了解目标客户的价格敏感度分布,针对不同敏感度的客户制定不同的定价策略,同时,企业可以通过价格促销、优惠活动等方式刺激对价格敏感度较高的客户的购买意愿。另外,要科学判断产品的目标市场细分,不同市场细分的客户对产品的需求和价格敏感度也有所不同。

3. 分析竞品情况

在定价之前,企业可以通过市场调研、分析竞争对手的产品、外聘第三方专业机构等方式收集关于竞争者产品的信息,包括质量、价格、营销策略、市场份额等。获取信息后,要重点针对竞品的出厂价、折扣价、渠道价、成交价等进行详细分析,以此作为制定产品定价的主要依据,以求在主要竞争环节中占据价格优势,并估算出对方的产品成本。

4. 估算产品成本

在给产品定价时,需要正确估算产品的成本。从财务 BP 的视角来看,成本可以分为变动成本和固定成本。变动成本是指会随着产品产量的变化而变化的成本,包括直接材料成本、直接人工成本和直接费用成本等;固定成本是指不会随着产品产量的变化而变化的成本,包括租金、设备折旧、管理人员工资等。

假如要给奶茶产品定价,首先需要了解奶茶的成本结构,这就包括变动成本和固定成本。接下来,将基于这两个成本进行利润加成,以确定最终的售价。

奶茶的变动成本包括以下内容:

(1)原材料成本:即每次生产奶茶所需的原料,如奶、茶、糖等。假设每杯奶茶的原材料成本为1元。

(2)包装成本:包装是每杯奶茶的必备品,假设每杯奶茶的包装成本为0.4元。

(3)制作成本:包括员工的工资、设备折旧等与每杯奶茶生产直接相关的成本,假设每杯奶茶的制作成本为 0.6 元。

奶茶的固定成本包括以下内容:

(1)租金:假设每月奶茶店的店铺租金为 6 000 元,每天可以售出 500 杯奶茶。那么,每杯奶茶分摊的租金成本计算结果如下:

$$6\ 000 \div 30 \div 500 = 0.4(元)$$

(2)员工工资:假设每个员工每天可以制作 200 杯奶茶,员工工资为每月 6 000 元。那么,每杯奶茶分摊的员工工资成本计算结果如下:

$$6\ 000 \div 30 \div 200 = 1(元)$$

(3)其他固定费用:例如加盟费、水电费、设备维护费等,假设每杯奶茶分摊的其他固定费用为 2 元。

通过以上成本的计算,一杯奶茶的成本为 4.4 元。

5. 运用定价方法

定价方法非常重要。运用合适的定价方法可以帮助企业吸引和留住客户、增加销售额、提高市场竞争力。因此,企业需要根据市场情况、产品特点、客户需求等因素制定合适的定价方法,并不断调整和优化。常见的定价方法有以下六种。

(1)成本加成定价法。根据产品成本和预期利润来确定售价。这种方法比较简单,但一定程度上会忽略市场需求和竞争情况。例如,对"4. 估算产品成本"中的奶茶成本计算案例,基于每杯奶茶成本 4.4 元,假设商家期望的利润率为 50%,计算结果如下:

$$每杯奶茶的售价 = 成本 + 利润 = 成本 + 成本 \times 利润率 = 成本 \times (1+利润率)$$
$$= 4.4 \times (1+50\%) = 6.6(元)$$

(2)竞争定价法。根据市场需求和竞争情况来定价,通常价格会与竞争对手的价格相差不大。例如,某企业推出了一款新型智能手机,根据市场调研，发现竞争对手的同类产品售价在 3 000 元左右，因此将自家产品的售价定为 2 999 元。

（3）价值定价法。根据产品价值和竞争情况来定价。例如，某高端品牌推出了一款豪华手表，其品质和设计均优于竞争对手，因此将价格定为 5 万元，尽管该价格远高于竞争对手的同类产品，但因其独特的价值魅力，仍然吸引了大量消费者购买。

（4）差别定价法。根据不同的客户群体、销售渠道、销售地区或时间来制定不同的价格。例如，某在线书店对不同类型的书籍采取差别定价，对于热销书籍定高价，对于滞销书籍定低价，以促进整体销售。

（5）心理定价法。根据消费者的消费心理和购买行为来制定价格。例如，某超市将口香糖放在收银台附近，并标价 0.99 元，利用消费者对小额花费的敏感性，让其觉得产品价格更实惠，从而增加购买的意愿和数量，促进销售。

（6）捆绑定价法。将多个产品捆绑在一起销售，并制定一个单一的售价。例如，某软件公司推出了一套办公软件套装，包含了 10 款常用的办公软件，如果单买是每款 100 元，买这款办公软件套装只需要 399 元，明显打包一起购买更划算，让消费者感觉套装更优惠，进而吸引了一大批消费者购买。

3.2.3 发起降价或提价应注意什么

产品价格非常重要，直接决定了企业的盈利水平，不仅影响企业的市场份额和竞争力，同时还是消费者选择商品的重要因素之一。因此，大部分企业对产品的价格变动决策都是非常谨慎的，财务 BP 在协助企业进行降价或提价决策时，应注意以下几点：

(1) 进行充分的市场调研：在进行降价或提价前，要进行充分的市场调研，降价时要确保能够打赢竞争对手，提价时要确保产品能够达到预期销量。

(2) 充分考虑客户的反应：如果发起降价或提价，客户感觉是合适的，能够接受价格调整，那就没有问题。但是，发起降价或提价可能会导致客户对产品产生排斥或反感，这时就应该谨慎行事。

(3) 确保有一定的盈利性：发起降价时，一定要注意产品的盈利性，如果是长期性的价格战，并且持续亏损，那么对企业来讲，肯定是不可持续的。所以，如果要用降价的方式赢得市场，就要确保目标定价完成后，按照一定的利润率倒推测算出目标成本，通过各种成本控制方法，确保目标成本可以实现，进而满足企业长期生存和发展的需要。

(4) 考虑促销策略：要充分考虑促销策略，包括折扣、折让、买赠、打包销售、满额减等，实际上这些促销策略就是间接对产品进行了降价或者提价，只是消费者的感受会不同。有时，巧妙地在节假日等重要时间节点，用这类间接的降价或者提价方式，对企业把握定价的主动权更有益处。

(5) 考虑法律法规的要求：在决定发起降价或提价之前，应了解相关法律法规，确保价格变动符合法律法规，并且遵循公平交易原则。

(6) 考虑逐步推进：在发起降价或提价时，应逐步调整价格，以避免对客户产生太大的影响。企业可以逐步降低价格或逐步提高价格，以使客户能够逐渐适应新的价格。

(7) 及时通知客户：在发起降价或提价时，应及时通知客户。可以通过电子邮件、短信、电话等方式通知客户，以确保他们知道新的价格。

(8) 跟踪销售数据：在发起降价或提价之后，应全程跟踪销售数据。如果销售数据没有达到预期效果，企业可以考虑进一步调整价格或重新评估市场和竞争对手的情况。

3.3 对生产活动的支撑：揭秘成本管控三步法

3.3.1 用全局观审视成本管控

企业到了一定规模就有了成本管控的需求，因为往往增加收入规模会相对容易，但是想要得到纯利润、不亏本，则比较难。很多企业的收入增幅大于成本费用增幅，归根到底是成本费用管控不当所致。财务BP的核心工作内容跟企业的经营管理结合得比较紧密，必然会涉及成本管控这块核心业务。如何对成本进行系统化的管控，防止头痛医头、脚痛医脚呢？这里就涉及用全局观的思维来管控成本了。

下面先通过简单了解成本会计的历史，来理解什么是成本管控。最早采用成本会计方法的是一位法国的书商，为了清晰准确地计算每一本书的成本，他为每一本书都设置了一个袋子，凡发生一笔成本，他都写在一张纸条上，投入相应的纸袋中。比如，某本书耗费了多少纸张，可以直接写在纸条上；某几本书一共耗费了多少油墨，合理分摊后，把一本书耗费的油墨金额写在纸条上；对于同一类费用，比如工人工资、厂房租金等，可以把一个月的总额累积起来，合理分摊后，再归集到每一本书的名下，这样就可以准确地知道每一本书的成本了，如图3-1所示。虽然这种方法相对原始一些，但

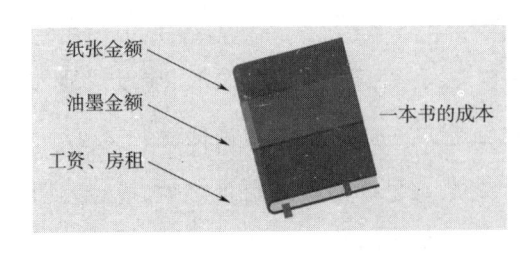

图3-1 一本书的成本归集

是已经明确地使用了成本会计的分摊与归集的基本方法了。

成本会计的历史大概分为三个阶段，如图3-2所示。

原始成本会计 1880—1920年	近代成本会计 1921—1950年	现代成本会计 1951年至今
■ 主要用来计算和确定产品的生产成本和销售成本 ■ 定单成本计算和分步成本计算的方法应用于工业企业	■ 标准成本会计制度 ■ 增加了"管理上的成本控制与分析"的新职能 ■ 事先制定成本标准，并据此进行日常的成本控制与定期的成本分析 ■ 扩大到商业企业、公用事业以及其他服务性行业	■ 管理会计与成本会计密切结合 ■ 建立预算管理体系 ■ 进行专项成本研究 ■ 以责任预算为基础，对责任成本进行日常控制，并且定期进行成本分析等

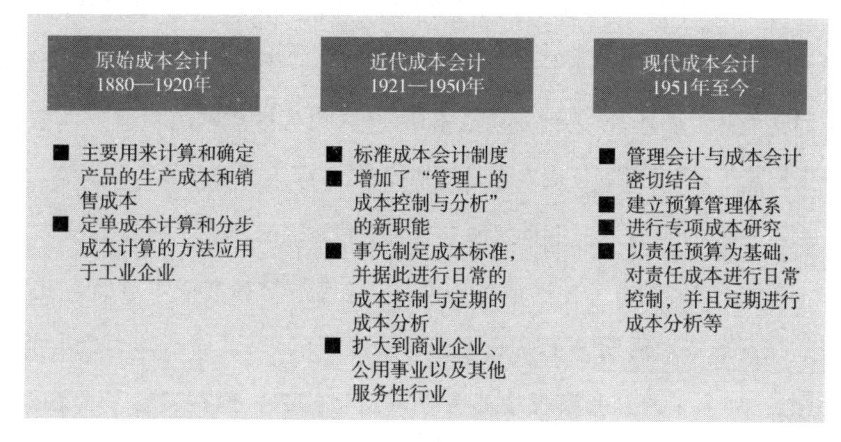

图 3-2 成本会计的历史

1. 原始成本会计（1880—1920 年）

当时人们认为成本会计就是汇集生产成本的一种制度，主要用来计算和确定产品的生产成本和销售成本。

在此期间，英国会计学家已经设计出定单成本计算和分步成本计算的方法，当时的应用范围只限于英国的工业企业，后来传到美国及其他国家。

2. 近代成本会计（1921—1950 年）

主要是美国会计学家提出了标准成本会计制度，在原有的成本积聚的基础上增加了"管理上的成本控制与分析"的新职能。

在这种情况下，成本会计就不仅要计算和确定产品的生产成本和销售成本，还要事先制定成本标准，并据此进行日常的成本控制与定期的成本分析。

正因为成本会计扩大了管理职能，于是应用的范围也从原来的工业企业扩大到商业企业、公用事业以及其他服务性行业。

3. 现代成本会计(1951年至今)

主要是美国会计学家在近代成本会计的基础上,吸收了管理会计的一些专门方法,使管理会计与成本会计密切结合,形成了新型的注重管理的成本会计。建立预算管理体系、进行专项成本研究、采用标准成本法积聚成本信息,以责任预算为基础,对责任成本进行日常控制,并且定期进行成本分析等。

成本会计的应用是一步步发展起来的,刚开始的功能只是计算成本,后来为了控制成本,提出了标准成本的概念,将成本与标准成本进行对比,从而有效控制成本。后期为了更好地进行全流程管理,又将成本管理与管理学相融合,加入了预算和责任中心等手段进行控制。现在又有了大数据和区块链等新技术,预计未来成本管控的手段将更加丰富。

财务BP在进行成本管控时,要把视野打开,不要仅仅将成本管控局限在产品生产或者服务提供的过程阶段,要用全局观来审视整个成本的管控过程。从成本管控的阶段来讲,分为事前控制、事中控制和事后控制,如图3-3所示。

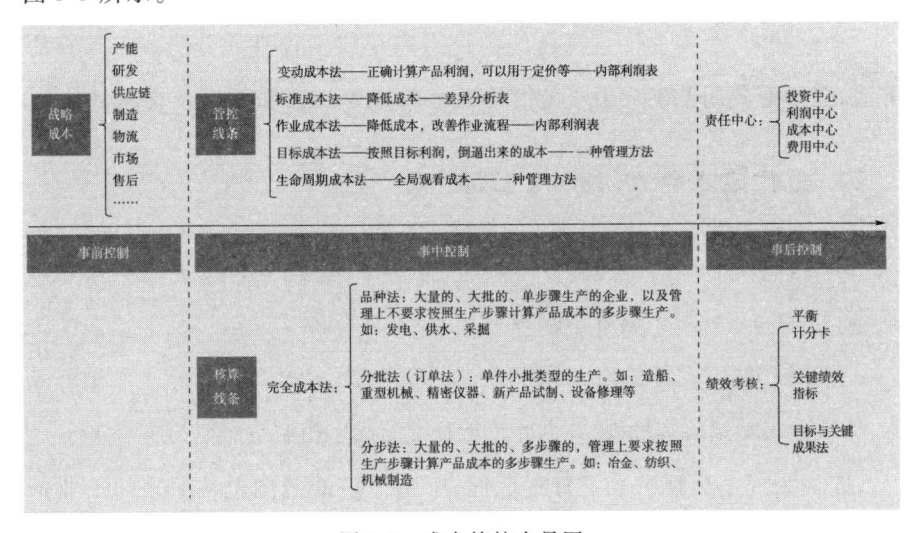

图3-3 成本管控全景图

事前控制主要是对战略成本实施管控,进行全价值链的成本设计和管控;事中控制主要是完成两个任务,一个是正确地核算产品或服务成本,另一个是在正确核算的基础上用多种方法同时对成本实施过程管控;事后控制实质上是要设计一套成本考核责任体系,在此基础上实施考核,兑现奖惩,进而激发全员成本管控工作的积极性。

接下来,从事前控制、事中控制和事后控制三个步骤,介绍一下成本管控的具体做法。

3.3.2 做好事前控制:战略成本管理

国外的研究指出,一种产品成本的 80% 在进入制造阶段前就已经被确定了,企业在生产阶段调整产品成本的空间十分有限,一旦产品进入制造阶段,再想进一步降低成本,效果往往不会很显著。战略成本管理就是针对上述问题的一种解决手段。

战略成本管理是以战略的眼光从成本源头识别成本驱动因素,对价值链进行成本管理,即运用成本数据和信息,为战略管理的每一个关键步骤提供战略性成本信息,以利于企业竞争优势的形成和核心竞争力的创造。它是战略管理和成本管理在新的竞争环境下有机结合的产物,其实质就是将成本管理置身于战略管理的广泛空间,从战略的高度对企业的成本行为及成本结构进行分析,并为企业管理决策服务,帮助企业形成行业竞争优势。

传统的成本管理方法关注的是每一个点的控制和控制的技巧,例如大部分企业主要关注采购、库存和生产成本的控制,这样孤立的、一个一个点地分析问题,会导致管理陷入被动。例如:一家农药公司差旅费占比非常大,因为销售员经常要跑去镇里或农村卖农药,一去就是两三个月。负责人一看报表,认为差旅费成本太高了,要列为全年控制的重点,于是就让财务部修改了差旅费补助标准,并且禁止销售员坐飞机出差,高铁也只能坐二等座,就算再远、再着急也不能破例,住宿费也从 300 元/天标准降低到 150 元/天,这样销售员就只能住旅馆了。年底的时候,负责人如愿以偿,差旅费成本降低了 60%,但是负责人却发现当年的销售指标只完成了不到 20%,并且销售员离职率非常高,重新招聘和培训销售员耗费了企业很多成本。这就是传统成本法的弊端,散点式的思考问题,往往容易按下葫芦浮起瓢。

而利用战略成本管理,会让我们形成以下科学的成本管理意识:

(1)系统管理意识。战略成本管理强调系统性,可以让我们从单纯追求降低局部成本的单项指标,转向系统降低成本的追求,企业价值增值转变。

(2)效率管理意识。真正的成本降低,不是单纯地追求绝对金额的降低,而是要通过经济学中的规模经济、学习曲线等方法提高成本的效率。

(3)规划经营意识。很多先进企业,例如苹果公司等,在手机的研发阶段就已经设计好了制造成本,并且严格控制,使其竞争力在手机领域遥遥领先,这就是成本的规划经营意识,事前规划、持续把控、实现目标。

(4)资源配置意识。全面把握行业和企业自身价值链及作业链,对企业整体资源配置的有效性进行把控,取得成本优势。

战略成本管理的步骤有四个:战略定位、价值链分析、作业分析与管理、管控与绩效,如图 3-4 所示。

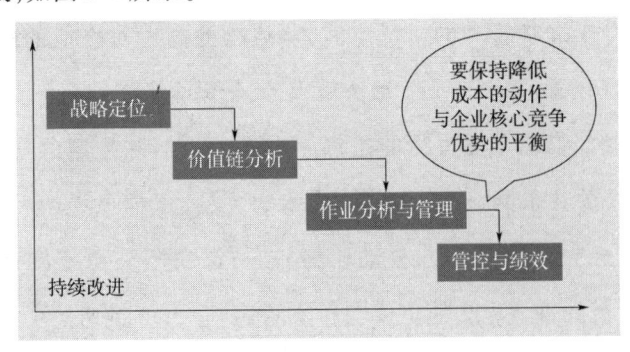

图 3-4 战略成本管理过程

（1）战略定位。主要是定准公司的目标,比如手机市场中,小米公司走低价路线,苹果公司走高端路线,两者对资源投入的方向就明显不同,一个注重压缩成本,一个注重技术创新,战略的实施过程,会培育出公司的核心竞争力。

（2）价值链分析。主要是把成本管控的视野拓宽了,从思考某个环节的成本管控,提升到了全盘监管,避免"按下葫芦浮起瓢"的现象,按照公司核心竞争力的需要进行资源的精准投放。

（3）作业分析与管理。对价值链分析出的、影响企业核心竞争力的重点环节进行作业分析,从而区分增值作业和不增值作业,消除或减少不增值作业,从而实现降低成本。

（4）管控与绩效。明确成本控制重点后,一定要持续跟进,并与具体管控人员的绩效挂钩,这样才会达到真正持续控制成本的效果。

1. 战略定位,明确企业核心竞争力

美国学者迈克尔·波特提供了三种战略思想,分别是成本领先战略、差异化战略、目标聚集战略,如图 3-5 所示。

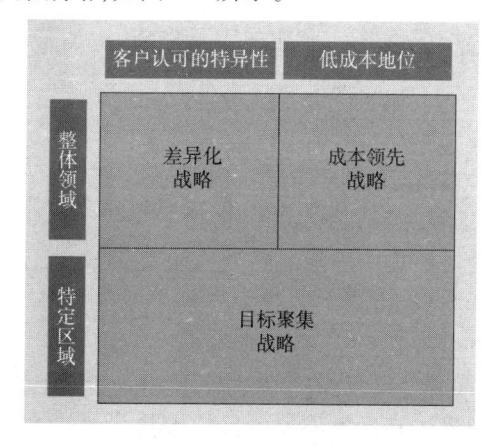

图 3-5　战略思想

（1）成本领先战略，即走低成本路线。同样功能，质量也差不多的产品，你的企业生产的产品价格在同行业产品中比较低，以量取胜，打压对手。这种战略就是成本领先战略。例如手机市场中的小米手机，1 000多元的价格，却有着4 000元左右的手机功能，质量也不差。想做到质优价廉可不简单，要求其有很强的成本控制能力，产品还得有设计感和竞争力。

（2）差异化战略，主要靠独特性，赚取比同类产品高的溢价。要么功能更强，要么服务更好，要么质量更优，总之你的产品与行业内其他产品相比，比较特殊，可以给消费者带来一种满足感，这种满足感是其他产品不能提供的，消费者愿意为这种满足感多付钱。

例如，近几年流行的小罐茶，2016年上市，2021年销售额就超过20亿元。小罐茶之所以快速走红，是因为其差异化的市场定位。品质高的茶叶价格差异极大，在市面上有几千元甚至上万元一斤的，消费者购买时无法通过自己的常识辨别产品是否物有所值。针对这一情况，小罐茶把中国几千年繁杂的茶叶品类进行归纳，做成了茶品牌，并且特别邀请到了中国八大名茶中最具代表性的八位泰斗级制茶大师，八大名茶各对应一名大师进行监制，严格按照大师工艺制作，凭借着制茶大师的品质背书，还有轻奢的形象，统一的价格，快速获得了茶叶社交礼品市场的青睐，让顾客送礼既有面子，又买得放心，快速占领了茶叶市场的巨大份额。

（3）目标聚集战略，主攻某个特定的顾客群，某种产品系列的一个细分区段或某一个细分市场，以取得在某个特定目标市场上的竞争优势。这种战略的前提是：企业能够集中有限的资源以更高的效率、更好的效果为某一狭窄的战略对象服务，从而超过在更广阔范围的竞争对手。

目标聚集战略有两种形式，一种是成本领先目标聚集战略，寻求在目标市场上的成本优势；另一种是差异领先目标聚集战略，追求目标市场上的差异优势。

除了三种战略思想外，在企业扩张方面，可以将战略分为集中发展战略、横向一体化战略、纵向一体化战略和多元化战略，如图3-6所示。

集中发展战略	充分挖掘现有产品的市场潜力
横向一体化战略	与同行业企业进行联合的一种战略
纵向一体化战略	沿着产业链向上游扩展，或者向下游扩展来实现发展的战略
多元化战略	进入新的产业

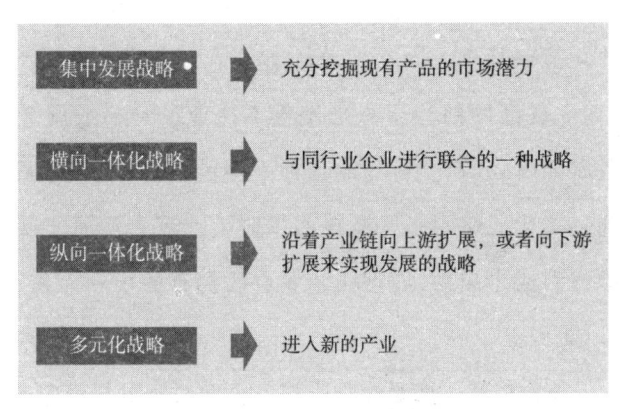

图 3-6　企业扩张战略

（1）集中发展战略，是集中企业的全部资源于现有产业的所有经营环节，充分挖掘现有产品的现有市场潜力，以实现企业收入增长与利润增长的战略，有时也称为市场渗透或市场集中战略。集中发展战略的目的是增加现有产品或劳务在市场的销售额、利润额或市场占有率。

集中发展战略是运用最多的一种战略，这种战略不需要很多额外的资源，而且潜在的风险较小，因而往往是资金有限的企业的理想选择。当目前产业市场未达到饱和状况，还存在巨大的发展空间时，宜采取集中发展战略。集中发展战略通常的手段有增加现有客户的购买数量、吸引竞争对手的客户或将产品卖给非使用者来努力获取更大的市场份额。

（2）横向一体化战略，也称为水平一体化战略，是指为了扩大生产规模、降低成本、巩固市场地位、提高竞争优势、增强企业实力而与同行业企业进行联合的一种战略。例如，滴滴公司收购其竞争对手快滴公司就是一种典型的横向一体化扩张战略，携程并购去哪儿网也是如此。

（3）纵向一体化战略，指企业沿着产业链向上游扩展，或者向下游扩展来实现发展的战略，也称为"垂直一体化战略"。采取纵向一体化战略的企业可以自行建立运营体系和价值链，也可以收购或合并产业中已有的企业。纵向一体化战略包括前向一体化战略和后向一体化战略，也就是将经营领域向深度发展的战略。

前向一体化战略是企业自行对本企业产品做深加工，或者对资源进行综合利用，或建立自己的销售组织来销售本企业的产品或服务。如钢铁企业自己轧制各种型材，并将型材制成各种不同的最终产品，即属于前向一体化战略。后向一体化战略则是企业自己供应生产现有产品或服务所需要的全部或部分原材料或半成品，如钢铁企业自己拥有矿山和炼焦设施，纺织厂自己纺纱洗纱，等等。

采用纵向一体化战略一般是为加强核心企业对原材料供应产品制造分销和销售全过程的控制，使企业能在市场竞争中掌握主动，从而增加各个业务活动阶段的利润。纵向一体化战略是企业经常选择的战略体系，企业希望借此建立起强大的规模生产能力，来获得更高的回报，并通过面向销售终端的战略获得来自市场的直接反馈，促进不断改进产品和降低成本，以取得竞争优势。

（4）多元化战略，是指企业为了寻求更广阔的发展空间，主动进入与其现有业务不同的新产业或市场领域。这种战略旨在通过跨行业经营降低经营风险，提高综合竞争力，实现企业的持续增长和盈利。多元化战略分为相关多元化和非相关多元化。

相关多元化，是指企业新发展的业务与原有业务相互间具有战略上的适应性，它们在技术、工艺、销售渠道、市场管理技巧、产品等方面具有相同或者相近的特点。相关多元化经营可以使企业在核心产品的推动下，沿其主营业务向下或向上发展连带产品，以保持其竞争优势。

非相关多元化，又称"混合多元化"或"复合多元化"，指企业新发展的业务与原有业务之间没有明显的战略适应性，所增加的产品是新产品，服务领域也是新市场，如生产化学工业产品的公司同时兼营首饰纺织、旅游业等。

这种跨产业的多元化经营既不能是没有核心业务的,也不能是不分层次的,并且在各项核心业务的发展时序上也不应一哄而上。相反,这种多元化经营是要以一种或几种核心业务来支撑的,只有在核心业务已具有一定优势、占有较大市场份额并形成稳定收入后,才能去发展其他业务。非相关多元化经营一定要稳步推进,因为这种多元化的有效扩张不宜是若干产业的简单相加,而应该是竞争力的集合。

财务 BP 可以先通过分析企业的战略定位,深入了解企业的发展目标,进而明确战略成本管控方向。例如,企业如果要实施的是差异化战略,在进行成本管控时,广告成本就不能太节省,因为产品的差异化特点要在消费者心中塑造出来,就必须要有各种消费观念的影响,让消费者认为你的产品好就必须要有广泛的宣传,说直白点就是要大量地投入广告。如果企业战略定位是成本领先,那么就必须对产品的生产成本实施严格管控,确保产品价格足够低,进而获得预期的市场份额。

2. 价值链分析,精准定位成本管控

价值链概念是 1985 年由哈佛商学院的迈克尔·波特提出的。波特认为,每一个企业都是在设计、生产、销售、配送和辅助其产品的过程中进行种种活动的集合体,所有这些活动都可以用一个价值链来表明。

企业创造价值的过程可以分解为一系列互不相同但又相互关联的经济活动,或者称之为"增值活动",其总和即构成企业的"价值链"。

价值链管理的目标:通过产品价值链分析,找到不增值的环节,对其予以完善或直接剔除。使得作业链优化,提升企业的竞争力。例如,很多企业研发实力强,但是自己没有很高的制造水平,那就干脆把制造这个环节的工作交给外部单位,自己集中资源做好产品研发和设计,苹果公司就是一个例子,其将制造环节交给富士康。

什么是价值链分析？目前企业生产的产品很少是只有一个环节就可以完成的，大多数产品都是经过数道工序才能完成，其中的每一道工序都是产品价值增值的过程，每一个增值环节的成本都要纳入成本计量中。因此，价值链分析直接关乎着企业产品的定价，找到最优价值链，无疑可以将产品的生产成本降到最低，并且和企业的上下游合作伙伴形成良好的发展关系。战略成本管理中的价值链分析不仅仅指企业内部的价值链分析，还要考虑到竞争对手的价值链，找到自己和竞争对手相比的优势和不足，以达到知己知彼，百战不殆。

价值链分析的特点包括：

（1）价值链分析把注意力集中在产品市场，分析相关生产技术的发展态势，以及产品的设计和成本等。

（2）价值链分析比较关注一些外部成本，如采购成本、顾客成本、营销成本和服务成本。

（3）通过对竞争对手价值链的模拟和分析，可大致测算出竞争对手的成本，帮助管理者客观地评价自己的产品在竞争中的优势与劣势。

（4）通过行业价值链分析，可以使企业明确自身在行业价值链中的位置，寻求以前向和后向整合方式降低成本的途径。

价值链分析主要包括企业内部价值链分析、行业价值链分析和竞争对手价值链分析，如图3-7所示。（说明：企业内部价值链分析和竞争对手价值链分析的图示均为企业价值链的图表，竞争对手价值链分析主要是利用图中所列的内容去分析竞争对手的情况，并与自身进行比较）

（1）企业内部价值链分析。一个企业可以看成是满足客户需求而形成的一条价值链，由研发部门、采购部门、制造部门、销售部门、售后服务部门等组成。构成企业价值链的各项价值活动可以细分为许多价值链。材料的购买及存储为产品的生产服务，而生产经营为销售提供服务。进行内部价值链分析，可以确定价值链活动上的成本与效益，并根据战略目标对价值链

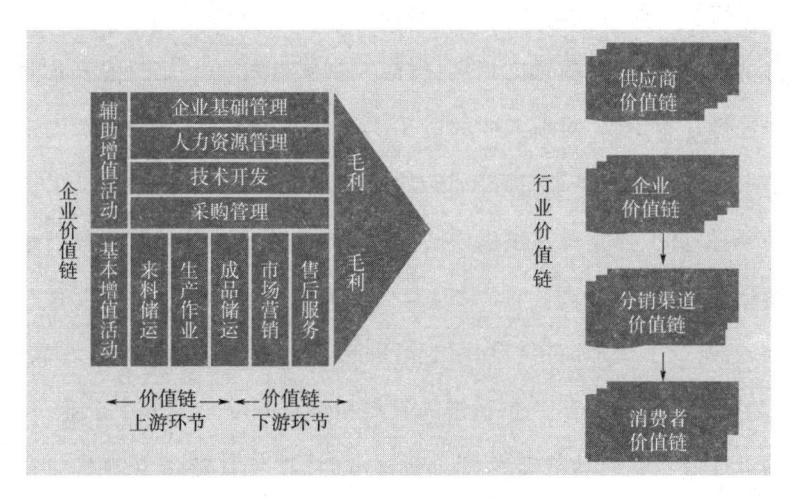

图 3-7 价值链分析

进行权衡,以便确定是通过改进还是重构价值链使得成本降低。

例如一个普通化妆品制造企业,可以把价值链的增值活动分为基本增值活动和辅助增值活动两大部分。企业的基本增值活动,即一般意义上的"生产经营环节",如来料储运、生产作业、成品储运、市场营销和售后服务。这些活动都与商品实体的加工流转直接相关。企业的辅助增值活动,包括企业基础建设、人力资源管理、技术开发和采购管理。价值链的各环节之间相互关联,相互影响。一个环节经营管理的好坏可以影响到其他环节的成本和效益。比方说,如果多花一点成本采购高质量的原材料,生产过程中就可以减少工序,少出次品,缩短加工时间。

企业的每个部门都在价值链中发挥着各自的作用。例如,生产部门引进了最先进的面膜制作设备和包装设备,产品在市场上很有竞争力,为企业产品销售筑牢了产品竞争力基础;财务部制定了资本战略,与经营策划部一起通过兼并收购行业内一些好的企业,直接获得了他们的生产设备和厂房,以及客户资源和市场资源,并且学习到他们先进的管理方式和技术,不仅降低了成本,还大大降低了经营风险;研发部通过高薪稳定了现有研发队伍,与国外多家技术先进的企业进行科研合作,建立联合实验室,目前研发出的产品物美价廉,消费者满意度很高;行政人事部针对各个部门需要不同类型的人才进行分类招聘,对新入职的员工实行管理培训生制度,并对表现突出的员工进行综合能力培训,提高他们的业务水平,对业绩较好的员工进行各种激励,确保员工为企业提供优质高效的服务;销售部门每周掌握当地市场需求变化,上线销售管理软件,及时对产品布局进行调整,并在自有门店销售基础上,进行了代理商销售和网上销售的突破,使得销售业绩节节攀升。

(2)行业价值链分析。价值链的起点和终点并不是某单个企业,行业价值链分析是指企业应从战略角度分析,仔细计算与其链条上的其他企业在一起合作所带来的价值增值,寻求利用纵向价值链带来的利益。行业价值链是在战略的高度上,考虑通过对上下游企业的联盟,以取得领先的成本优势。通过与上下游合作商的合作,可以考虑是否建立战略合作伙伴关系,以寻求成本降低的机会。

根据微笑曲线理论,如图 3-8 所示,当前制造产生的利润普遍较低,全球制造也已供过于求,但是研发与营销的附加价值较高,因此产业未来应朝微

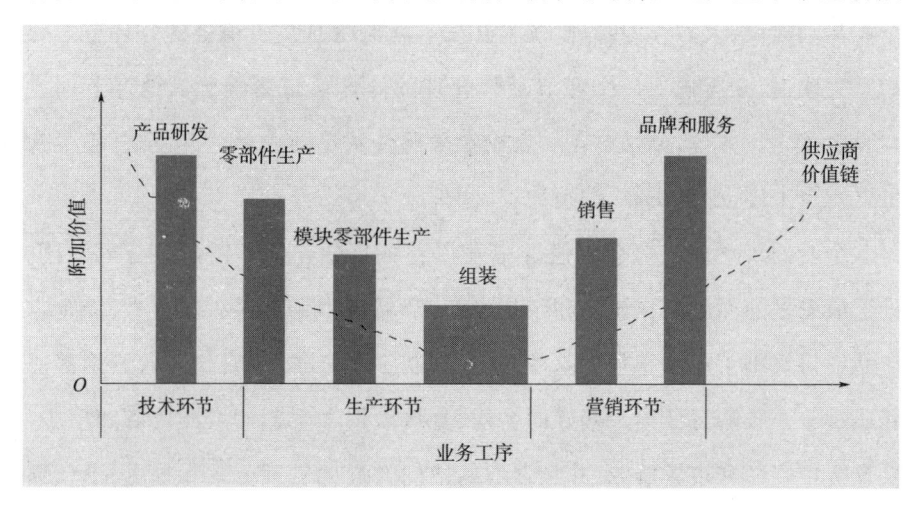

图 3-8 行业微笑曲线

笑曲线的两端发展。企业要想活下去,活得好,一定要提升研发实力和营销手段,以科技软实力制胜,在数字智能化的未来,制造可能会被取代,但创意不可替代。

还拿刚才的化妆品制造企业为例,企业意识到了当前制造行业的利润主要集中在具有核心技术的上游研发环节和下游批发经销环节,而制造企业的生产环节处在中间,仅依靠微薄的成本优势获得利润。制造企业要想获得自己的优势和利润,必须在上游和下游环节中做足功夫。因此,企业不仅应紧密地加强与上游供应商之间的合作伙伴关系,还应拓宽自己的下游批发商规模,与上下游签订合作协议,稳固自己的产业链。

另外,企业为了摆脱制约,创建了一流的研发团队,掌握了主打产品的核心技术;通过扩大自主营销渠道,摆脱了下游销售商控制价格的被动地位,既节约了营销成本,又能够很好地洞悉消费者的需求变化;对技术要求不高的生产环节进行适度外包给其他外部单位,使得企业有效的资源得到了充分利用,生产的产品以最低的成本和最大的价值供应给消费者,从而在激烈的市场竞争中拥有一席之地。

(3)竞争对手价值链分析。企业不可能孤立存在,在生产相同类型产品的企业中,往往存在很多的竞争者。通过对竞争对手价值链的调查分析,明白竞争对手的优势和劣势,知道其价值增值的最大一环在哪里,以及深层次地分析竞争对手这样做的原因,然后再对自己的企业进行综合评估,做出可以和竞争对手抗衡的战略决策。然而竞争对手的价值链并不都是固定的,它会随着外部环境及自身环境的变化而变化,通过不断地调整达到理想的价值链。企业想要及时掌握竞争对手价值链的相关信息,就必须对其信息进行跟踪分析。

一般生产相似产品的企业,其价值链都很类似,所以每个企业就非常需要了解自己的价值链和竞争对手的价值链之间有什么不同,正是这些细小的不同造成了每个企业不一样的利润。通过比较它们横向之间的价值链,找出竞争对手价值链增值的最大环节是什么,它在价值链中的核心优势是什么,再和自己的价值链进行对比,发现自己的核心优势与其有什么不同。这样就便于企业找准自己的优势以及有针对性地弥补自己的劣势,重新调整自己的价值链。企业通过这样的比较,重新做出的价值链,在市场中是具备强大的竞争优势的,而且这样的价值链也不容易被竞争对手所模仿和超越。

所以,价值链分析在企业的成本管理中有着至关重要的作用,它将企业降低成本的空间扩大了,以前企业只是对自己制造过程中的费用进行一再压缩,而这其中的成本降低空间已经很小了。现在企业可以通过对价值链的分析,找到降低成本的其他突破口,因为生产过程中的各项环节都会带来新的资源和损耗,所以它给管理者提供的分析空间更大了。运用价值链分析来管理成本,可以使企业成本管理的范围扩大到供应商、销售商及整个行业。这不仅增加了企业面对复杂多变环境的应对能力,还提升了企业的竞争力。

利用价值链分析,改进企业成本,需要构建价值链管理的支持系统,其中,包括组织结构、流程再造、信息系统、管理变革等。这些都需要投入大量的人力、物力,不是每个企业都需要进行变革,具体还要根据企业目前所处情况进行判断,毕竟大厦之成,非一日之功,企业管理能力的升级需要一步步来。

运用价值链分析方法进行成本分析,摆脱了用会计数据控制成本的束缚,可以用更宽广的战略视角,分析成本结构是否与构建企业核心竞争力相匹配,是否能够总体达到客户满意,从而赢得更加广阔的市场空间。传统的成本管控以材料采购开始,终止于销售,而战略成本法中的价值链分析,要求关注企业所在行业的情况,达到知己知彼、洞察全局的目的,同时也要关注企业内部价值链的构建是否与企业战略定位相匹配,将资源更好地投放在产生价值的重要环节上。

3. 作业成本法，改进成本问题

作业成本法（ABC）是一种成本计算和管理方法，它通过对作业或活动的成本进行精确测量和分配，为管理者提供更详细的成本信息，以支持决策制定和成本控制，如图 3-9 所示。

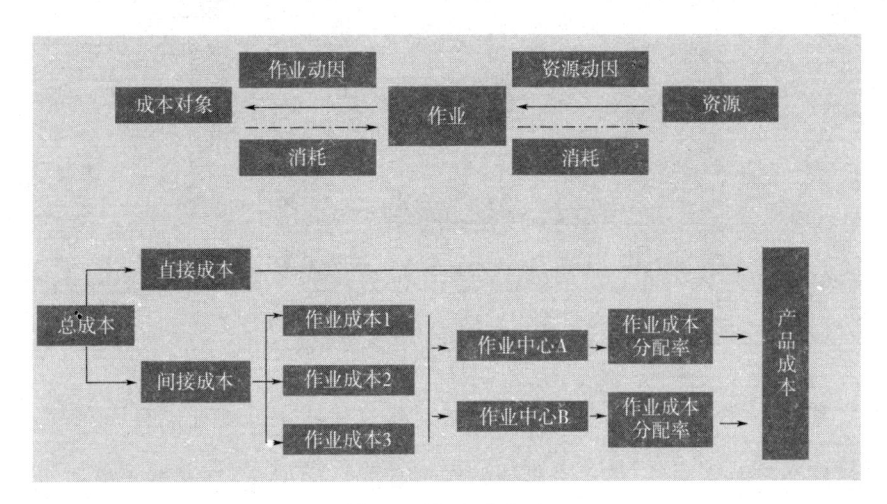

图 3-9　作业成本法

要明白作业成本法，首先得熟悉三个概念：即作业、作业中心和资源。

（1）作业是企业提供产品或劳务过程中的各个工作程序或工作环节，即组织内为了某种目的所进行的消耗人力、技术、原材料、方法和环境等资源的活动。

（2）作业中心，又称"成本库"，就是一系列相关作业的集合，它能提供每项作业的成本信息、每项作业所耗费资源的信息和作业执行状态的信息。

（3）资源是指企业生产经营过程中，消耗的人力、物力、财力。就制造业而言，资源包括直接材料、直接人工、各种间接费用。

简单来讲，作业成本法比传统成本法减少了成本分配造成的失真，在对作业进行深入分析的过程中，可以更好地了解产品成本结构，从而生产出更有市场竞争力的产品，如图 3-10 所示。

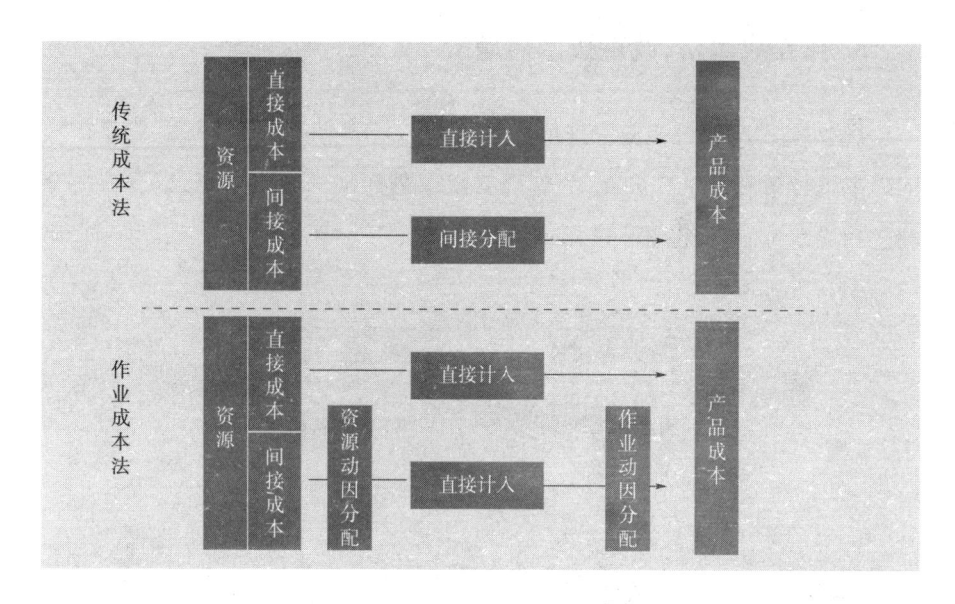

图 3-10　传统成本法与作业成本法对比

实际上，作业成本法和传统成本法对于直接成本的处理没有区别，都是直接计入产品成本，但是为了更加准确地计算产品成本，作业成本法对于间接成本的分配采用了更加复杂的方式。

对于间接成本的分配，作业成本法的步骤为：认定作业，将可以归类的作业合并到一个作业中心，确定作业中心的成本动因（导致这项成本发生的最直接因素），接着将资源成本分配到每个作业中心，计算每个作业中心的分配率和作业次数（这个步骤是将资源耗用分配到作业中心），最后结算出每个作业中心的成本，将其分配给产品。

如图 3-11 所示，间接人工就是企业耗用的资源，可以梳理出几个作业中心，包括外购材料检验、材料搬运、机器保养、设备调试，然后确定每个作业中心的成本动因，分别为订单数量、搬运次数、保养时间、调试次数，最后用成本对象耗用的作业量和作业分配率，计算出成本对象的间接人工成本。

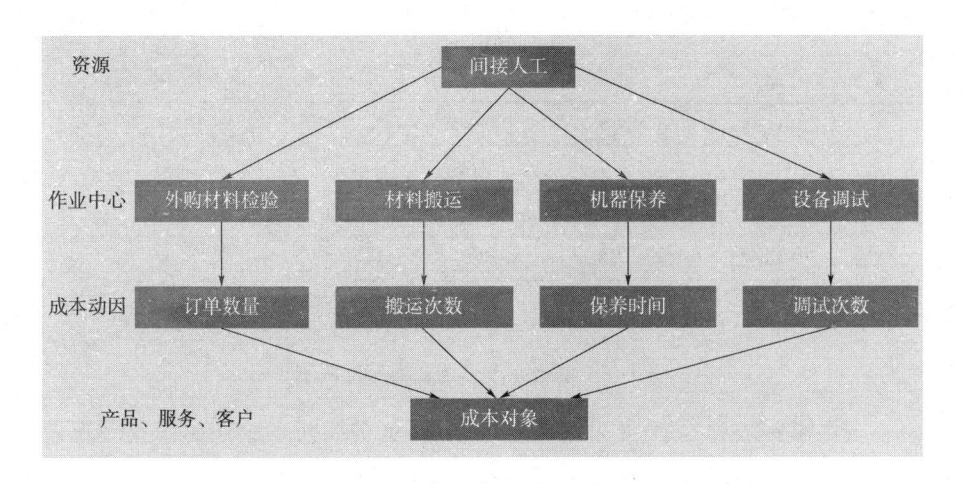

图 3-11 间接人工成本按照作业成本法分配

这里再举一个制造企业作业成本法的实际应用,如图 3-12 和图 3-13 所示。企业可以有很多个成品动因,包括订单数量、份数、分钟、发票数量、检验批次。这些成本动因都与作业(作业中心)一一对应,间接成本法的分摊计算自然要比传统成本法只采用工时或者产量更加准确。

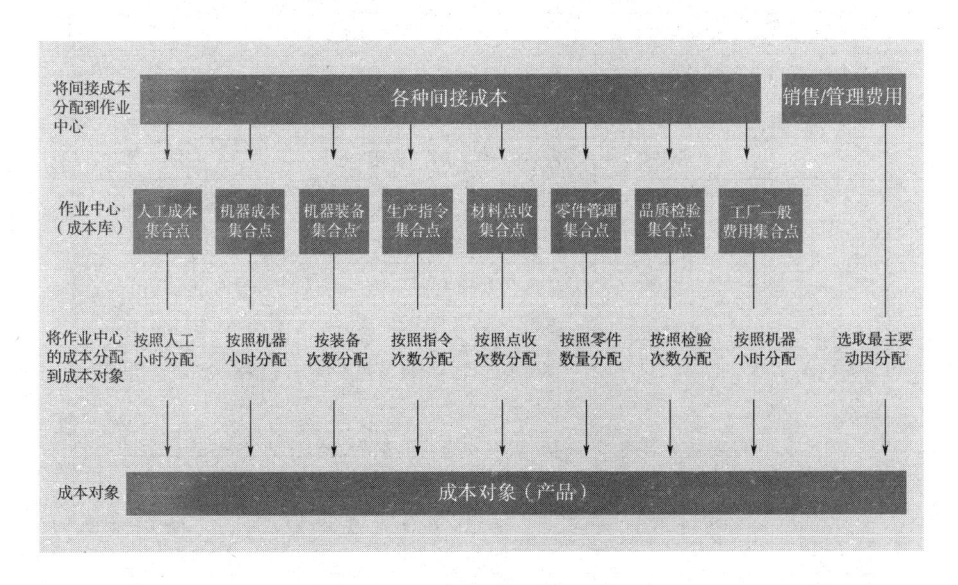

图 3-12 制造企业作业成本分配

作业	成本动因	数量	分配率	分配额
获得订单	订单数量	800	100/份	80 000
复印/传真	份数	6 000	1/份	6 000
长途电话	分钟	8 000	0.1/分钟	800
收款	发票数量	200	10/本	2 000
质量控制	检验批次	150	200/批	30 000

图 3-13 制造企业作业成本分配明细

这里需要注意的是：要采用作业成本法，就需要对本企业的作业流程进行梳理，下面还是以一个制造企业进行举例说明。

具体操作

step 1：梳理流程，确定主要作业中心。如果不考虑制造环节，企业的主要作业中心有采购、订单处理、物流和营销，对应的作业内容见表3-1。

表 3-1 企业主要作业分析表

业务活动	作业中心	作业内容
采购	订单处理	确定订货种类、数量、订购时间
订单处理	处理应付账款	根据凭证做账务处理、支付账款
物流	商品的储存	商品的验收入库、保管、出库
	商品的配送	根据各分店销售情况及路线，安排最佳配送路线
营销	门店开发	门店选址、租赁、装修
	销售预测	结合市场调查定期进行短期和中长期的销售预测
	门店销售	零售、团购、门店对商品的筛选、储存、保管、商品加工
	处理客户意见	处理质量、送货、售后服务等方面的抱怨，制定相应的改进措施
	产品服务测试	在产品的质量和服务方面的意见汇总测试

一个作业过程可以设置一个或数个作业成本中心，为了方便计算作业成本，可按作业环节在成本发生时取得各项作业的成本费用，并把

这些归集到作业中心。

step 2：确定作业成本动因。成本动因是指导致成本发生的因素。具体包括：

（1）采购作业成本动因，包括订货、运输、包装、采购人员的劳动等。

（2）销售作业成本动因，包括广告、促销、宣传、用车、租赁、销售人员的劳动。

（3）储存作业成本动因，如保管、整理、仓储、仓储人员劳动等。

（4）其他作业成本动因，包括水电、折旧、培训招聘等。

step 3：将资源耗费归集到作业（作业中心）中。

以物流环节举例，要想做好物流，肯定要花费人力、物力、财力，这些都属于资源的耗费，最终都需要用货币统一表达，即最终表现为各项成本费用。可以将资源成本依次归集到相关作业中，见表 3-2。

表 3-2　物流作业动因分析

作业项目	资源成本
采购订单处理	订单处理费用
验收入库，检查供应商的送货单与订货单是否一致，检查商品的品质、数量	入库作业费
库存作业，管理库存商品的品质和存放位置，搬运和移库费	仓库管理费
商品整理作业，分装、整理等	理货作业费
出货检查	搬运、整理、装车作业费
配送、交货作业	配送费
其他作业，退货处理，其他事项	退货处理费、其他物流管理费

物流环节的作业流程：当库存低于安全库存量时，采购部发出采购订单，经双方进一步协调后分批入库商品，经过验收、订单处理、理货、分区等步骤，向各需求门店出货，同时进行门店订单处理，根据不同门店的距离和路线以及门店要货量制定出最佳配送路线，由搬运工负责货物，准确、及时、安全地送达门店。

分析完资源和作业的对应关系后，我们需要找到资源耗费分配的依据，见表3-3。

表3-3 资源耗费分配表

资源项目	资源耗费分配依据
工资及福利费	职工人数，每人月工资
水电费	使用数量
折旧费与办公费	面积
差旅费	旅程折算的公里数
维护费	设备价值
车辆交通费	行程里程数

例如，工资及福利费可以按照职工人数分摊到各个环节。如果仓储环节需要2个工人，每个工人每月5 000元工资，那么这个仓库作业中心需要分配进去的人工费用就是10 000元。把每项资源耗用的金额都计入各项作业中心中，作业中心就有了下一步分配到各个成本对象的分配依据。

企业根据物流作业把上述的各项成本费用分摊到各门店或每个产品，就会很清晰地分析出哪家、哪个门店给企业带来期望的利润，哪个产品可以被新品取代，为决策者提供有力的数据来源。

step 4：分配作业成本到成本对象中。这里的成本对象，包括产品、服务或者客户。

假设该企业主要采取连锁经营模式,因此需要了解每个门店的盈利情况,见表3-4,我们用各个门店的作业成本动因量和作业成本分配率,就可以计算出各个门店的间接采购成本。计算出每项间接费用后,对各个门店的直接成本和间接成本进行汇总,再结合收入情况,就可以准确知道各个门店的利润情况,进而对各个门店的成本有针对性地进行深入分析,进而采取相应的成本改进举措。

表3-4 作业成本分配表

作业名称 (作业动因)	商品编码处理 (编码数量/个)	采购计划处理 (计划份数/份)	采购订单处理 (订单数目/个)	报表处理 (报表数目/个)	催缴催运 (次数/次)	采购作业成本 (合计/元)
成本动因量	3 837	6 329	5 697	5 180	6 062	826 330
成本分配率	20	40	80	2	5	
铁东店	616	215	934	693	270	98 376
大东店	785	340	545	883	927	79 301
龙湖店	105	733	327	468	936	63 196
北市店	118	235	767	387	365	75 719
大学路店	136	799	485	273	980	78 926
昌平店	346	933	370	596	473	77 397
蒲凤店	503	662	479	509	488	78 318
瓦房店	506	695	731	823	663	101 361
华侨店	303	824	262	420	638	64 010
沈河店	419	893	797	128	322	109 726

4. 多措并举管控,持续改善绩效

根据战略目标确定目标成本和价值链分析及作业成本法对成本进行准确的识别后,便可以根据企业实际情况来制定一份详细的成本管理策略。

该策略应包括一份年度预算计划,以及计划在管理阶段实施的具体措施。包括采购成本优化、生产效率优化、人员管理优化等。并且在策略实施后,要定期对战略成本管理的效果进行计量和评价,通过对比实际成本与预算成本,分析差异原因,并对成本管理策略进行调整和优化,进而促进企业成本绩效的改善。

企业进行成本改善需要有一个整体思路和路线图,知道先做什么、再做什么、用什么样的标杆去考核、评估成本。成本改善需要构建一个网状体系,而不是单纯的控制某个点,或者用制度控制某条线,必须要所有环节共同发挥作用,企业资源的投放才会有的放矢地进行。企业一般都会存在10%~30%的成本压缩空间。

这里提供一份成本改善路线图,如图3-14所示。成本改善路线图就是用来打造成本管控体系的路径说明和工具,包括两个方面的改善路径,一个是战略成本层面,另外一个是运营成本层面。接下来,再说一下运营成本层面的成本管控。

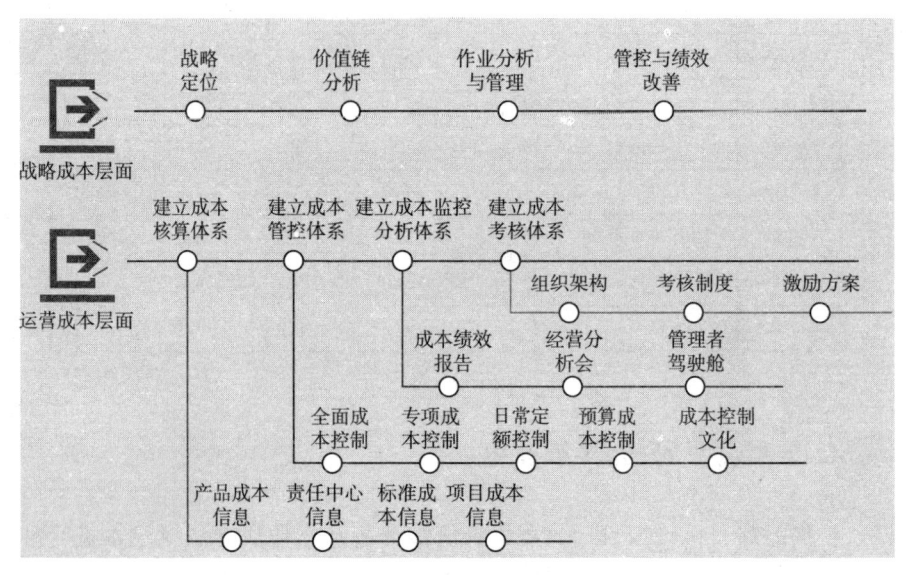

图 3-14 成本改善路线图

3.3.3 做好事中控制:运营成本管控

成本改善路线图中包含了第二个层面的成本管控,即运营成本管控,运营成本通常指企业日常经营和管理所发生的各类成本费用,包括生产成本、人工成本、水电耗用及期间费用等成本费用。此类成本费用,可以用全面预算、内部控制、管理技巧等进行节约。

运营成本层面的成本控制,主要包括建立成本核算体系、成本管控体系、成本监控分析体系以及成本考核体系。

1. 建立成本核算体系

建立成本核算体系阶段主要是为后面的成本管控和监控分析提供信息支撑,因为成本的核算非常复杂,需要按照产品品种、类别、部门、销售员、销售渠道等方面进行多维度的核算,这就需要建立一个完善的成本核算系统,其中的信息包括产品成本信息、按照职责中心(或部门)核算的成本信息、标准成本信息(或是标杆成本信息)以及项目成本信息等。

2. 建立成本管控体系

建立成本管控体系阶段包括全面成本控制、专项成本控制、日常定额成本控制、预算成本控制以及成本控制文化的养成。

(1)全面成本控制,主要是建立全面成本管控观念,如图 3-15 所示。

(2)专项成本控制,主要是有针对性地对某项专项成本进行阶段性管控。例如,企业认为目前的人力资源成本或者行政管理成本太高,就可以实施人员结构调整、薪酬调整、严格审批差旅费、节约办公费用等方式进行专项治理,而后持续推进,从而以点带面,降低整体成本。

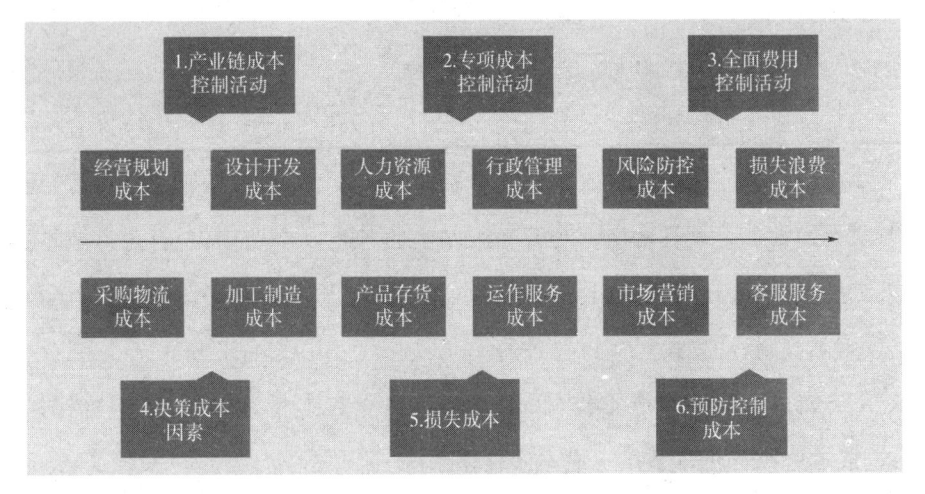

图 3-15　全面成本管控

（3）日常定额成本控制，主要是建立成本费用标准。例如，企业规定出差省会城市住宿费最多报销 400 元/天，省会以外的城市住宿费最多报销 300 元/天，以统一标准，促进成本降低。

（4）预算成本控制，主要是通过部门自行制定成本费用预算，预算管理委员会审核通过后，在执行过程中予以控制。部门想做业务，就必须要有事前预算，没有预算就不能列支，而且列支的金额一定要在预算范围之内。

（5）成本控制文化。一个企业的文化很重要，文化是一种导向。例如，国内的春秋航空就倡导成本控制文化。上海总部，在夏季时，会议室日常是不开空调的，等客人来了以后才开空调，等到会议室凉快了，会议也结束了。大家都习惯，也认可这种做法，并不感觉这样节约用电是一种不自在的事情，而是自然而然地去做。这就是企业文化的力量。

3. 建立成本监控分析体系

成本监控分析体系阶段主要包括成本绩效报告、经营分析会和管理者驾驶舱。

（1）成本绩效报告，是要将当期实际成本与标准成本或标杆成本进行比较，与当期预算成本进行比较，与历史数据进行比较，进而发现成本异常波动，及时对成本进行监控报告。

（2）经营分析会，是企业每个月、每个季度都要召开的会议。通过经营分析会对企业现阶段经营情况进行审视，对下个周期的企业经济运行态势进行预测，并提出有效建议。

（3）管理者驾驶舱，是对成本管控信息进行视觉化的呈现，将主要指标展现在一个面板上，从而让管理者快速抓住主要信息。

4. 建立成本考核体系

成本管理要得到落实，最重要的是建立企业成本控制上的有效激励机制，让企业全员有成本控制的责任意识，真正做到企业成本控制人人有责。这就是人们常说的"千斤重担大家挑，人人头上有指标"。

成本考核体系，包括合理的组织架构、考核制度和激励方案。

（1）合理的组织架构，是要对各个部门进行重新分类，将部门划分为利润中心、收入中心、成本中心。进而针对每个责任中心的特点，设计不同的考核指标。

（2）考核制度和激励方案是要建立赏罚分明的机制，将成本管控责任落实到每个部门、每个管理者以及每个员工头上，让全体员工形成合力，一起努力降低成本。例如，作为廉价航空的春秋航空公司，其盈利能力是非常强的，对成本的管控也做到了极致。为了缩减管理费用，他们制定了节油奖励制度，与飞行员绩效挂钩，仅此一项就为企业节省燃油费几千万元。

成本管控不是一蹴而就的事情，需要慢慢建立网状管控体系，落实综合管理，这样才能在降低运营成本的同时，构建出企业的核心力。

3.3.4 做好事后控制:成本管控考核

在上一节的学习中,谈到了成本考核的重要性,这里给出一份成本考核方案的示例,供大家参考。

ABC 公司成本考核方案

一、考核目标设定

短期目标:在未来三个月内降低生产成本5%。

中期目标:在未来六个月内通过流程优化提高生产效率10%。

长期目标:在未来一年内实现整体成本结构的优化,提高资源利用效率。

二、考核指标及量化标准

直接材料成本:考核期内直接材料成本占产品总成本的比例,与预算或上期相比的降低率。

直接人工成本:考核期内直接人工成本占产品总成本的比例,与预算或上期相比的降低率。

制造费用:考核期内制造费用占产品总成本的比例,与预算或上期相比的降低率。

生产效率:考核期内单位时间内产出的产品数量或产值,与预算或上期相比的提高率。

资源利用率:考核期内资源消耗量与产出量的比例,与预算或上期相比的优化率。

浪费控制:考核期内材料浪费、能源浪费和工时浪费的绝对值及与预算或上期相比的降低率。

员工成本意识：通过问卷调查评估员工对成本控制的认知程度，如节约成本的行为、对浪费的敏感度等。

三、考核周期与频率

日常监控：每日或每周收集成本数据，进行实时监控和预警。

月度考核：每月进行一次成本考核，分析月度成本变动趋势及原因。

季度评估：每季度对成本控制效果进行全面评估，与预算或上期进行比较。

年度总结：每年底对全年成本控制效果进行总结，分析成本结构的变化及改进空间。

四、考核方法与数据来源

数据收集：通过 ERP 系统、财务系统、生产现场数据等收集成本相关数据。

数据分析：运用数据分析工具和方法，对收集的数据进行清洗、整理、分析和可视化呈现。

结果评估：根据设定的考核指标和量化标准，计算实际值与目标值的差异，评估成本控制效果。

五、考核等级与奖惩机制

（一）基础分值设定

满分：100 分。

基础分：根据历史数据或行业标准设定一个基础分值，如 60 分。

（二）加分项设置

1. 成本节约

每实现 1% 的成本节约，加 5 分。

对于特别突出的成本节约措施，可额外加分，如 10 分或更多。

2. 效率提升

每实现1%的生产效率提升,加3分。

对于流程优化或技术创新带来的显著效率提升,可额外加分。

3. 资源浪费减少

每减少1%的材料浪费、能源浪费或工时浪费,加2分。

对于成功实施资源回收或再利用的项目,可额外加分。

4. 创新建议

员工提出的成本控制创新建议被采纳并实施的,根据实际效果加5~10分。

5. 团队合作

在成本控制工作中表现出色的团队或个人,可根据贡献程度加3~5分。

(三)减分项设置

1. 成本超支

每出现1%的成本超支,扣5分。

对于严重超支或未采取有效措施控制成本的情况,可额外扣分。

2. 效率下降

每出现1%的生产效率下降,扣3分。

对于因管理不善或操作失误导致的效率下降,可额外扣分。

3. 资源浪费

每出现1%的材料浪费、能源浪费或工时浪费,扣2分。

对于明知故犯或未采取有效措施减少浪费的情况,可额外扣分。

4. 违规行为

违反成本控制规定或造成成本损失的行为,根据情节严重程度扣5~10分。

5. 未达预期目标

对于未能达到设定成本控制目标的部门或个人,根据差距程度扣3~5分。

(四)特殊加减分情况

1. 突出贡献

在成本控制工作中做出突出贡献的个人或团队,可额外加分,如10分或更多。

2. 重大失误

因严重失误或不当行为导致成本控制目标无法实现或造成重大损失的,可额外扣分,如10分或更多。

(五)加减分统计与运用

1. 定期统计

每月或每季度对员工的加减分情况进行统计,并公布结果。

2. 与绩效挂钩

将加减分情况与员工的绩效考核挂钩,作为晋升、奖励等的重要依据。

3. 反馈与改进

根据加减分情况,及时与员工进行反馈沟通,帮助其认识到成本控制工作中的优点和不足,并制定改进措施。

4. 考核等级

根据考核结果,将成本控制效果分为A(优秀)、B(良好)、C(一般)、D(较差)四个等级。

5. 奖惩机制

A级:给予成本控制团队或个人奖金、晋升机会、表彰等奖励。

B级:给予成本控制团队或个人表扬、小礼品、培训机会等奖励。

C级:不奖不惩,鼓励继续努力,提供改进建议。

D级:对成本控制团队或个人进行约谈、辅导、限制晋升等处罚,并要求制订整改计划。

六、改进措施与跟踪评估

制定改进措施:针对考核结果中暴露出的问题,制定具体的改进措施。如优化采购流程、提高生产效率、减少浪费等。

实施改进措施:明确责任人和时间节点,确保改进措施得到有效实施。同时,建立改进措施执行情况的跟踪机制,确保措施落地生根。

跟踪评估改进效果:对改进措施的实施效果进行跟踪和评估,确保成本控制水平得到提升。对于效果显著的改进措施,进行总结和推广;对于效果不佳的措施,及时进行调整和优化。

七、成本考核方案的宣传与培训

宣传方案:通过内部会议、公告栏、电子邮件等方式向全体员工宣传成本考核方案的目的、意义和方法,提高员工对成本控制的重视程度。

培训计划:针对不同部门和岗位的员工制订培训计划,提高员工的成本控制能力和意识。培训内容包括成本控制理念、成本控制方法、成本控制实践案例等。

3.4 对运营活动的支撑:如何平衡营运资金效率和风险

3.4.1 快速掌握营运资金周转规律

一个企业从设立的时候就要投入很多资金,比如厂房、设备、车辆、分公司、办事处、生产线、研发新产品、前期的市场活动,等等。投产运营的时候,需要购买原材料、支付工资、税金、租金、水电费等。

其实大部分企业在日常运营中资金都是紧张的,所以在企业资金往来过程中,会有企业之间资金占用的情况。例如,我们在购买供应商的原材料时,一般会有付款条件,比如收到货物后 10 天内付款,这样就占用了供应商 10 天的资金;另外,在卖货的时候,我们就变成了供应商,会给采购方设置一个信用期限和额度,采购方也同样会占用我们的资金。

此外,在企业投资和经营过程中,有时不仅需要用到企业自身的资金,实际上,企业的资金流动涵盖了多个方面,如图 3-16 所示。如果钱不够,企业可能会去借款或者找人入股,那这些人投入的钱,不是白投的,企业需要付给人家利息或股利。有时,企业使用银行承兑汇票,这也是到期就需要支付的,否则逾期会被银行记录在中国人民银行的征信系统,影响企业信用。

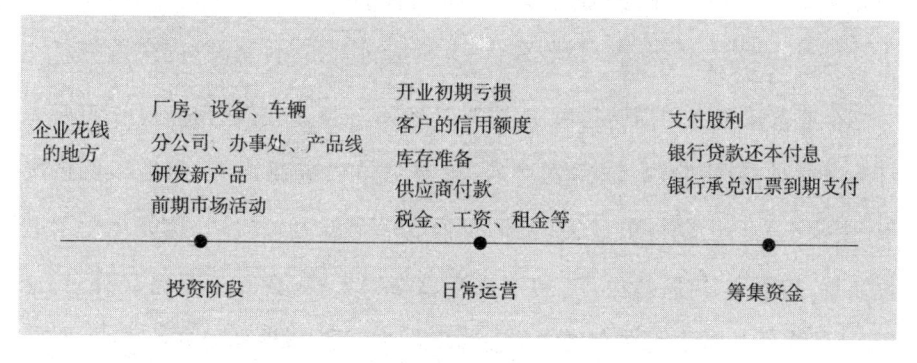

企业花钱的地方	厂房、设备、车辆 分公司、办事处、产品线 研发新产品 前期市场活动	开业初期亏损 客户的信用额度 库存准备 供应商付款 税金、工资、租金等	支付股利 银行贷款还本付息 银行承兑汇票到期支付
	投资阶段	日常运营	筹集资金

图 3-16 企业的钱花到哪了

财务 BP 要把资金管好,首先要做好运营资本管理工作。营运资本管理主要是决定分配多少资本用于应收账款和存货、决定保留多少现金以备支付,以及对这些资本进行日常管理;决定向谁借入短期资本,借入多少短期资本,是否需要采用赊购融资等。

这里要区分两个概念,即营运资本和营运资金。

(1)营运资本,是长期资金用于长期资产后剩下的可以用于日常经营的钱。例如,如果投入 1 000 万元开一个公司,其中 900 万元投资了厂房和设备,剩下的 100 万元可以用于日常经营周转,那这 100 万元就是营运资本。

> 营运资本=非流动负债-非流动资产
> 　　　=（长期借款+所有者权益）-（长期投资+固定资产）

（2）营运资金，也称为营运资金需求，流动资金中全都是人或者货物占用的资金。流动负债指企业可以短期欠别人的钱。如果企业买了800万元库存，欠供应商和职工700万元，中间差额的100万元就是营运资金需求，这个资金缺口可以用短期资金来满足，也可以用营运资本这个长期资金来源满足。营运资金的需求是实时变动的，因为企业的销售额是实时在变化的，需要的资金支持匹配也会变化。

> 营运资金=流动资产-流动负债
> 　　　=（应收账款+预付账款+其他应收款+存货）-
> 　　　（应付账款+预收账款+其他应付款+应付薪酬+应交税费）

企业营运资金的周转过程如图3-17所示。企业在经营过程中，需要先订购原材料，到货验收，取得发票后，就要付给供应商钱了，但是一般情况下，企业不是马上就付款过去，通常会争取一个延迟付款期，这就产生了应付账款；接下来，原料从生产，到变成产成品销售前，会有一个储存时间，这段时间，资金是被占用在存货中的；产成品销售后，如果采购方不支付现金，就会产生应收账款。

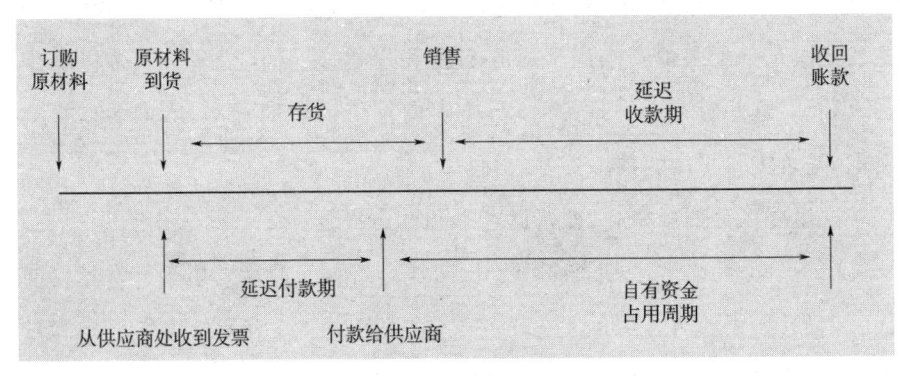

图3-17　企业营运资金周转图

从给供应商付款到最后收回应收账款这段时间,是资金被真正占用的时间,这个时间越长,占用的资金量越大。延迟付款期,是欠供应商的,延迟收款期是客户欠自己的,存货是货真价实的资金占用。资金占用期减去应付账款期,剩下的这段时间就是企业自己掏钱的时间,如果自己掏钱那段时间很长,随着经营连续滚雪球,需要的资金量就会越大。企业想要减少自己的资金占用,可以通过缩短存货的周期、缩短应收账款的周期并延长付款的周期。

最佳状态是:存货造出来或者到货后马上就卖出去,应收账款的时间很短或者甚至不让客户欠钱,这样资金的占用量就会最小。比如国美电器,从家电供应商进货之后,不用付款,消费者要当场付钱,没有应收账款的周期,只有一段存货周期。并且存货这段周期内不用给供应商付钱,所以账上就一直有钱,一直占用别人的钱,流动资产都不用准备。当然,这是极少数的案例,大部分企业是无法做到的。比较惨的是那些产品型企业,买东西的时候跟人家说好了,一个月付钱;卖东西的时候,比如说卖到国美电器,对方一个月之后再走个支付流程,45 天之后才拿到钱。尤其是生产周期长的企业,比如做家具的企业,买了木头先晾三个月才能生产,那占用的资金量就会非常大。

财务 BP 在对营运资金的管理过程中最怕的就是资金链断裂。没钱了,竞争力再好也没有用,做好营运资金管理的目的就是要让企业有钱花,让企业资金能够正常的周转,通过分析看看资金哪里出了问题,能不能提前避免,预防可能出现的资金断裂的风险。

当然,对于营运资金的管理也是有规律可循的,如图 3-18 所示。图中有三条线,最下面这一条线是资金来源,资金来源一开始是股东投资,随着时间的前进,就有了利润和折旧,资金就会持续上升;中间一条线是营运资本所需,它随着时间的推移呈现波动,如果一个企业的营运资金需求超过自己的长期资金来源的资金缺口,就需要短期的借款来解决;最上面一条线是销售收入,销售收入的波动规律跟营运资本所需的波动规律基本一致。如果企业管理不好的话,可能就会出现资金危机。

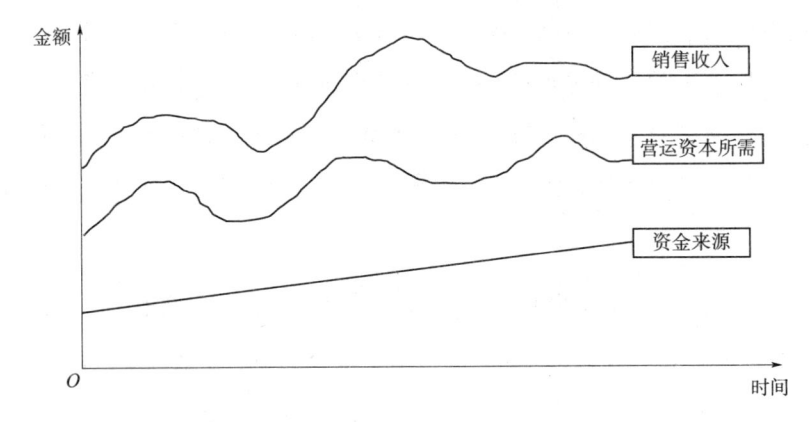

图 3-18 营运资金规律图

资金危机有四种原因,具体如下:

(1)资金危机是由于增长过快,如图 3-19 所示。图中的箭头叫营业额趋势,营运资本所需增长的趋势跟它是同步的,也就是说当营业额增长的时候,营运资本必然要增长。比如原来企业全年做 1 000 万元生意的时候是用了 200 万元的营运资本,现在要做 2 000 万元的生意,那就要 400 万元的营运资本。但是资金来源是增长缓慢的,除了一开始股东投入的钱之外,剩下的

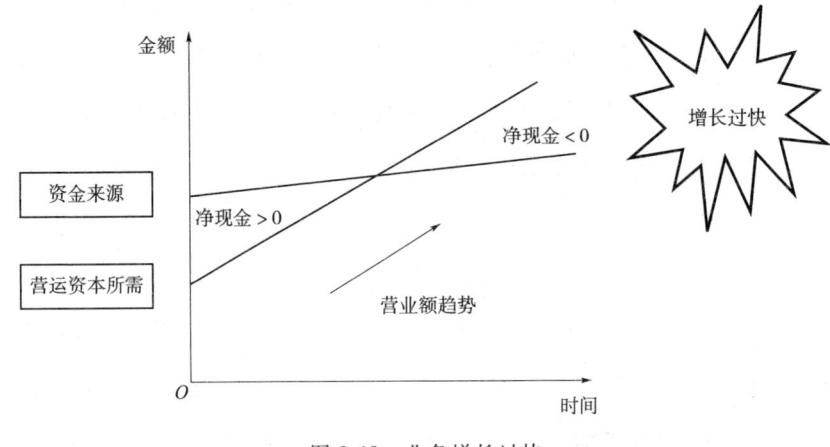

图 3-19 业务增长过快

就是靠利润积累,除非通过银行贷款找第三方解决。如果企业增长过快,营运资本所需的斜率和营业额趋势同步,用不了多长时间,营运资金的需要超过资金的来源,就会出现资金危机,即企业做大后缺钱了。例如有的企业想建造 50 层的楼房,结果建设到 20 层就没钱了,楼房只能放在那里,变成了烂尾楼;或者有的企业把新厂房建成了,却发现没有钱买原料了,都是因为这种类型的资金危机。

（2）资金危机是由于管理不佳,如图 3-20 所示。对于大部分企业来讲,营业额和资金来源的增长趋势都是平稳缓慢的,两者同步,但是因为企业管理不善,资金无法支撑营运资本所需,导致资金危机。比如说原来做 500 万元生意的时候,需要 100 万元的营运资金。但是因为企业管理不善,生意做大的时候,开始出现跑冒滴漏现象,管理不到位,库存积压,应收账款也出问题了,忽然发现做 1 000 万元生意的时候,需要 300 万元甚至 400 万元的营运资金,而不是 200 万元。这种增长的不同步性导致资金出现缺口,进而引发资金危机。

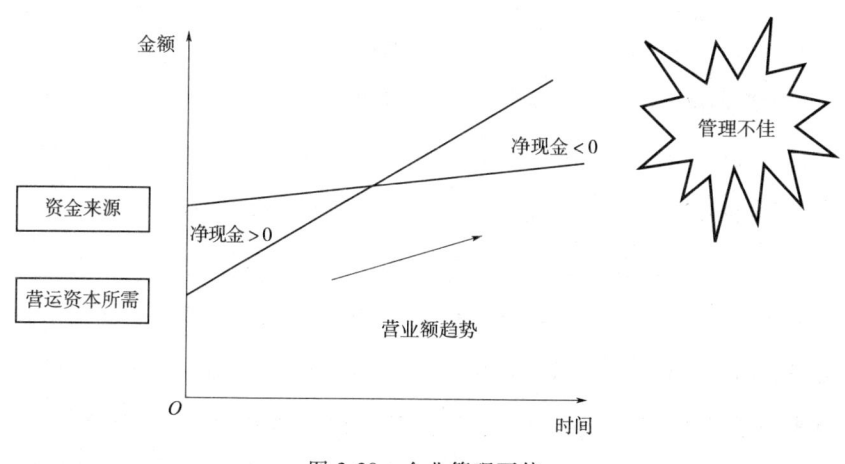

图 3-20　企业管理不佳

（3）资金危机是由于盈利危机,如图 3-21 所示。企业的营业规模在稳步扩大,但是资金来源没有同步增长,反而是在下降。这种情况往往是因为企业没有产生利润造成的,因为资金来源的正常增长是靠利润积累和折旧积累,如果产品亏损,就没有了资金积累,导致之前积累的钱也被花光了。例如,企业产品的成本是100元,然后因为某些原因,80元就卖出去了,每卖一个产品就亏20元,不但不能足额回笼资金,还要每次损失20元的资金,所以销售额上涨的同时,资本金来源反而是在下降。这时企业越干越亏,越干越缺钱,陷入亏损的恶性循环,最终导致出现盈利危机。

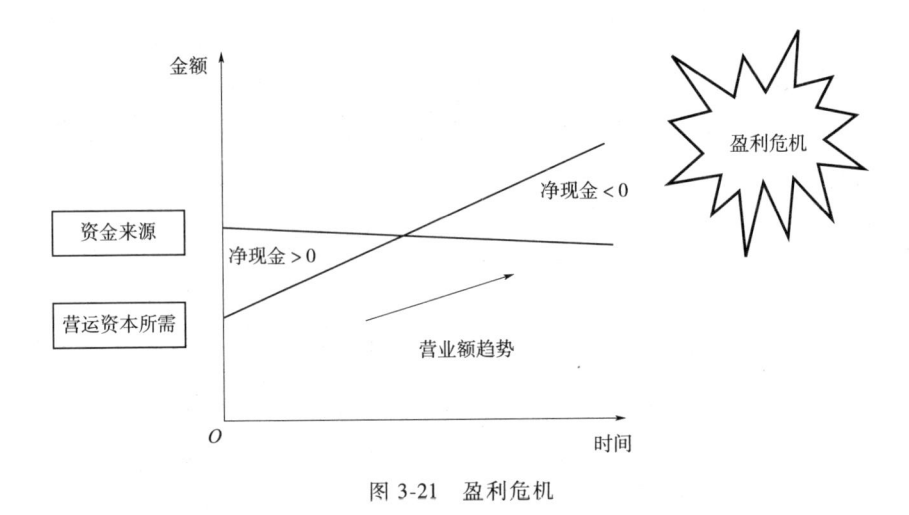

图 3-21 盈利危机

(4)资金危机是由于来源危机,如图3-22所示。企业资金的来源大部分来自股东或银行贷款,如果股东突然把一部分资金撤走或者银行要求提前还贷,那么企业的资金来源马上就会出现一个向下的趋势。另外,如果供应商自身出了问题,企业无法及时收回欠款,也会面临这种危机。

财务BP在对资金管理情况进行分析的时候,要重点关注以下四个数据的变动趋势是否同步:折旧加利润的增长趋势、资金来源增长趋势、营运资本所需的增长趋势和营业额的增长趋势。其中,资金来源主要是靠流动负债和股东的长期资本中的营运部分解决的,了解这两部分资金的大致金额,并把这两部分资金细分,看看都是从哪来的:是欠员工的?是欠供应商的?是欠银行的?还是欠股东的?这些资金来源里有没有随时被人抽走的可能,如果有随时被抽走的可能,就可能会面临危机。

图 3-22 来源危机

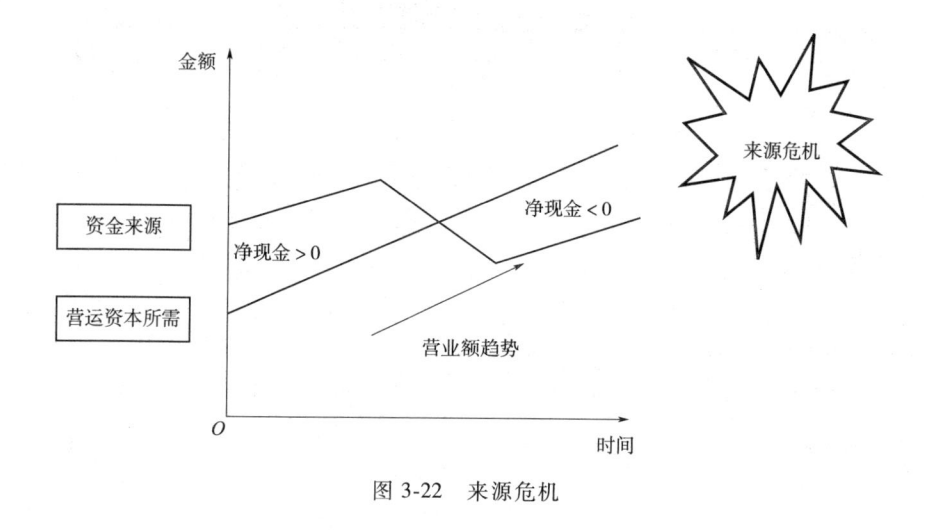

3.4.2 如何防范公司资金周转风险

在上一节的学习中,讲到了营运资金管理的危机,想要规避资金危机,就得提前预警,这时就需要分析和关注一些指标。有了预警,才能有的放矢地化解风险。

这里给出一张财务 BP 常用的公司资金管理预警报告表(表 3-5),可以用来通过监控资金情况,有效防范资金周转风险,预警报告表是很实用的,建议每个月结完账之后填一下。表 3-5 中需要监控的指标包括:流动比率、速动比率、现金余额、存货周转天数、应收账款金额、银行贷款余额等。填写此表的时候要填上各个月的实际数据和历史最佳水平,再把行业的指标找来,参考兄弟单位、集团内其他公司或者竞争对手的数据。然后根据行业指标或者设定一个预警线,当实际数据高过或者低于 20%、超过或者低于 5% 时,都需要采取特定的解决方案。实际数据跟预警线接近了,就要小心了,跟行业平均水平差得远了,就得努力了,跟历史最佳水平一比是正常的,那就可以安心了。

表 3-5 公司资金管理预警报告表

指　　标	行业平均	最佳水平	预警线	1月实际	2月实际	3月实际
流动比率						
速动比率						
现金余额						
营运资金百分比						
存货收入比						
存货周转天数						
超过半年库存金额						
超过一年库存金额						
超过两年库存金额						
超过半年库存百分比						
超过一年库存百分比						
超过两年库存百分比						
应收账款收入比						
超期三年应收账款金额						
超期二年应收账款金额						
超期一年应收账款金额						
超期三年应收账款百分比						
超期二年应收账款百分比						
超期一年应收账款百分比						
银行可用贷款(授信)额度						
银行贷款余额						
三个月内到期的贷款余额						
短期贷款占全部贷款百分比						
债务权益比						
销售毛利率						
销售增长率						

公司在营运资金的管理过程中,最关注的几个指标包括:存货的周转期、应收账款的周转期、应付账款的周转期和现金的周转期。

下面看一下某公司 2016—2024 年的现金周转情况,见表 3-6。2024 年存货周转期是 53 天,应收账款周转期是 28 天,应付账款周转期是 90 天,现金周转期是-9 天,说明这家公司的资金流管理情况比较好,资金比较充裕。存货是 50 多天就能卖出去,应收账款不到一个月就可以收回,给供应商的结算周期是 3 个月,也就是说,这家企业把货从供应商处拿来,卖掉后,可以先不着急给供应商钱,利用时间差,把这笔从客户处收到的钱用来周转或者投资,到了 3 个月再把钱付给供应商,因此这家公司的资金运作较好,是不太愁钱的。

表 3-6　2016—2024 年现金周转期

单位:天

年　　份	2016 年	2017 年	2018 年	2019 年	2020 年	2021 年	2022 年	2023 年	2024 年
存货周转期	83	62	49	55	60	68	74	58	53
应收账款周转期	37	50	44	32	24	25	13	17	28
应付账款周转期	60	65	76	84	79	89	70	60	90
现金周转期	60	47	17	3	5	4	17	15	-9

那么财务 BP 在实际工作中,怎样把应收账款、存货及应付账款金额保持在合理水平? 应收账款、存货和应付账款,这三个是营运资金管理中最重要的指标,只要把前两个加快周转,后一个适当延长就可以了,当然,对于应付账款绝对不能恶意延长,需要谨慎操作。管钱关键是管资产、管债权,把资产和债权管好了,钱就出来了。

应收账款的金额与公司所在行业和行业中的地位有关系,应收账款过高,公司的经营风险就会加大。管理应收账款主要关注三点:一是建立应收账款信用体系,对不同等级的客户进行不同授信;二是加强催收工作,对于超过半年还收不到钱的客户,一定要警惕,并加以各种形式的追讨;三是每月关注应收账款周转天数和平均余额,如果指标改善,钱也就管好了。

存货是钱换来的,库存数量大了,相当于把钱全部扔到了仓库里,等着发霉。存货的金额与行业类型和业务性质有关系,存货的数量当然是越少越好,而周转则是越快越好,但是公司为了生产需求或及时销售出货,也需要适当的备一些货。要想管理好存货,主要是要做好供产销的计划。

存货管理做得好的公司,如丰田汽车公司采用即时制(JIT)生产方式实现了零库存,国内目前的 ERP 系统都带有库存管理模块,可以帮助公司管理库存,通过科学推动存货管理计划,加速库存周转效率。库存管理与应收账款管理一样,也要关注周转天数和平均余额。

应付账款的余额体现了公司与供应商的地位关系,如果公司很强势,那么应付账款的余额和周期都会大一些,类似国美、苏宁等。用供应商的钱进行公司运营,是成本最低的方法,因为连利息也不用支付。但是也不能一味地占用供应商的钱,因为公司作为整个产业链的一环,还是要有战略合作伙伴的。应付账款也要关注周转天数和平均余额,如果平均余额不是随销售收入同步上涨,意味着公司缺钱了,如果平均周转天数下降,也意味着公司缺钱了。

3.4.3 如何持续提升营运资金管理

在前面两节的学习中,分析了营运资金的规律以及如何防范资金周转风险,但是这还不够,还应持续提升营运资金管理水平,这就需要建立营运资金管理的机制。

1. 要建立预测机制

营运资金管理的目标跟整个资金管理目标不一样,融资渠道在整个资金管理目标中是很重要的一环;而在营运资金管理中,我们更关心的是如何降低营运资金的需求,加速营运资金的周转,给企业创造更大的价值。因此,是否能够准确预测未来营运资金的走势和变化至关重要。财务BP可以每月编制现金流量收支预测表,以更好地掌握资金流动情况,见表3-7。

表3-7 现金流量收支预测表

单位:元

项目	1月预测	1月实际	2月预测	2月实际	3月预测	3月实际	4月预测	4月实际
期初余额								
现金收入								
客户现金回款								
A客户								
B客户								
C客户								
其他客户								
银行承兑汇票到期收款								
客户预付款								
现金收入合计								
现金支出								
供应商付款								
供应商1								
供应商2								
供应商3								
支付增值税								
支付企业所得税								
支付房租水电								

续上表

项　　目	1月预测	1月实际	2月预测	2月实际	3月预测	3月实际	4月预测	4月实际
支付员工工资								
支付差旅报销								
客户返利款								
市场活动费用								
运费								
采购设备或固定资产支出								
其他项目支出								
其他办公支出								
现金支出合计								
期末余额								
安全现金水平								
需要的融资额度								

如现金流量收支预测表中所示：左侧是计划的项目，就是收钱，收钱要细分为哪个客户、哪个地区、哪个办事处，或者是哪个产品、哪个门店；下面是支出，支出要细分为给哪些供应商付钱、哪些地区付钱；然后是管理的常态，如房租、水电费、工资等都什么时候开支？大概需要多少钱？

数据都填好后，从这张表就能看得出：期初余额是多少？收钱月会收多少？支款要支出多少？最后余额剩多少？这张表将用于管理未来的现金流，确保不出现问题。一般营运资金计划不是按月的，都是按周去做。例如，某一个月的最高点可能是15号，但到月底又不需要钱了，这时按周计划能够更准确地预测和应对资金流动中的潜在问题，而这些问题在月度计划中可能难以察觉。

另外，财务BP还要密切关注投资资金投入的预测情况，比如说扩大厂房、增加一条生产线、收购一家工厂，虽然可能是一次性的投入资金，但是也要考虑到后续还有伴随性的营运资金增加，而这种营运资金增加很可能是倍数级别的。所以当公司进行投资决策的时候，一定要测算营运资本够不够，如果营运资本不够，需要准备好额外的营运资本才能进行这笔投资。比如说开发了一款新产品，这款新产品要进行宣传、推广才能增加销售，原来的资金应对正常周转是够的，但是由于新产品的上线，导致资金需求增加，公司资金不够了，那就会很麻烦。

对于财务 BP 来讲，除了要做好例行的月度资金收支预测外，做好年度资金预算也是非常重要的，具体格式见表3-8。

表 3-8 现金预算表

单位：元

项　　目	2020 年实际	2021 年实际	2022 年实际	2023 年预计	2024 年预算	2025 年预测
期初余额						
经营净利润						
加：折旧						
加：存货增加						
加：应收账款增加						
加：应付账款增加						
经营活动净现金流量						
新增厂房设备投资						
新产品研发项目投资						
电脑及其他办公设施						
新分公司办事处						
新产品上市前期投入						
其他投资项目						

续上表

项　　目	2020年实际	2021年实际	2022年实际	2023年预计	2024年预算	2025年预测
投资活动的现金净流量						
股东增资						
股权融资						
长期借款						
短期借款						
筹资活动的现金净流量						
期末余额						

2. 要建立责任机制

想做好营运资金的管理，就需要业务部门的紧密配合，如果业务部门不配合，账款是收不回的，库存是降不下来的，应付账款也无法得到适当的利用。所以财务BP必须要争取到业务部门的支持和配合，最好能把这些指标纳入他们的考核指标，建立起责任机制，让各个业务线条都在为保证资金运转努力。而不能光靠财务一个部门发力，财务BP的核心是确保企业资金的稳定流动，而不仅仅是在资金紧张时寻求银行贷款。

对于销售部，可以设置与销售收入、客户信用管理和收款相关的指标，如销售收款率、逾期收款比例等；对于采购部，可以设置与供应商付款、预付账款和库存管理相关的指标，如应付账款周转率、库存周转率、库存成本占比等；对于生产部，可以设置与原材料消耗、在制品和成品库存等相关的指标，如原材料消耗率、在制品周转率等。财务BP可以持续完善考核方案，根据各部门的考核结果，制定相应的奖惩措施，以激励和约束各部门在运营资金管理上的表现，对于表现优秀的部门，可以给予奖励和表彰；对于表现不佳的部门，可以提供指导和支持，帮助其改进。

3.5 对项目伙伴的支撑：做好项目财务管理工作

3.5.1 项目财务管理的概念

华为公司首席执行官(CEO)任正非曾说过，好的财务总监必须要参与项目管理。为什么项目管理对财务这么重要？因为参加项目管理，能培养财务人员的全局视野，使财务人员站在新的高度俯视企业业务运行的全貌。企业规模越大，财务人员的分工越细，往往只能专注一小部分工作，很难窥探财务工作全貌。基层财务人员要想尽快掌握会计全局，最好的选择是做项目财务。一个项目相当于一个小企业的完整周期，全面且贴近业务，经历了这样的循环，财务人员可以为转型成为首席财务官(CFO)奠定基础。

那么什么是项目管理？项目管理是企业在不同时期出于经营需要开展的以项目为单元、单独核算、单独管理并运营的一种管理方式。

很多财务人员一听到项目管理，首先想到的是工程项目管理，其实项目管理的范围很广，包括以下方面：

(1)信息项目管理：指在信息技术(IT)行业中的项目管理。这类项目通常涉及软件开发、系统集成、网络安全等领域，需要专业的技术知识和项目管理技能。

(2)投资项目管理：主要关注金融投资领域的项目。这类项目涉及投资组合管理、风险管理、收益预测等方面，目标是实现投资回报的最大化。

(3)运营管理项目：关注的是企业日常运营中的项目，如供应链管理、客户关系管理、内部流程优化等。目标是提高运营效率，降低成本，增强企业的竞争力。

(4）研发项目管理：主要涉及新产品或新技术的研发过程。这类项目涉及创新管理、技术评估、风险管理等方面，旨在确保研发项目的成功实施。

（5）市场营销项目管理：主要关注市场推广和营销活动中的项目。这类项目涉及市场调研、营销策略制定、品牌建设等方面，目标是提高市场份额和品牌影响力。

知道了什么是项目管理，下面再来了解一下财务 BP 在项目财务管理中主要是做什么的。项目财务管理是指基于项目全生命周期的财务活动的进行统一管理的过程，是对项目营运过程中财务资源使用的全流程管理活动。它涉及从项目接受到项目完工至保修期结束的财务管理全过程，包括项目预算管理、项目执行成本控制、项目会计核算、资金管理与项目结算、项目决算和项目经济后评价等。项目财务管理的目标是确保项目管理目标以及达到此目标所制订的财务计划得以实现，这需要从项目生命周期的角度对财务资源进行有效的计划、控制、分析和评价，同时，项目财务管理还需要关注项目的收益过程和结果，对项目的经济效益进行评估和校正。

3.5.2 项目财务管理的管控点

从上一节的内容中，可以看出财务 BP 如果能够深入参与项目财务管理，可以全面锻炼其沟通、协调以及整体管控能力，并且这项工作是一个完整的闭环管理，也就是说从投标阶段等项目早期工作就要介入，一直到项目收尾，可以很好地让财务 BP 跳出单项财务工作，充分了解公司业务运作规律，培养业财融合的工作思维，培养财务全局观和系统观，也可以很好地锻炼领导力。

接下来以工程项目管理为例，介绍一下财务 BP 在项目财务管理中需要注意哪些管控点。

（1）预算管理：根据项目估算、设计概算和施工图预算、项目资源计划等，进一步分解编制财务控制目标，是财务控制的前提，项目预算应滚动编制，逐步细化。

（2）资金管理：项目财务管理工作的重点在于预算管理，预算管理的重点在于资金预算管理。抓住资金管理这条脉络，就抓住了项目财务管理主线。要合理组织、筹措资金、保证项目顺利进行。

（3）合同风险控制管理：主要有总承包合同和分包合同，需要财务人员设立合同执行台账加强管理。审查或参与制定合同中有关价款、支付形式、支付条件、支付进度、发票形式与开具时间等条款，评审分包和供货单位财务状况。

（4）成本费用管理：是项目执行阶段财务控制的主要任务。很多项目之所以最后失败，就是因为成本管理没有做好，最后导致形成烂尾工程。例如，1992年，巨人集团的创始者史某柱在珠海进行投资筹建大厦，当时史某柱的目标是将这座大厦打造成国内的第一高楼。在最开始的设计中，巨人大厦的高度仅仅只有18层。不过史某柱并不满足，在他的干预下，巨人大厦的高度也越来越高，到最后确定为64层。但是在开工典礼上，史某柱又突然反悔，将64层的高度增添为72层，整个大厦的投资金额也由最初的2亿元飙升到12亿元。然而由于市场环境的变化和行业发展疲软，巨人集团内部的现金流动很快就出现了紧张的情况，整座大厦的建设也出现了资金短缺的问题。到大厦竣工交房的时候，很多购房者才发现巨人大厦已经成为烂尾楼，收房典礼演变成了讨债活动。

（5）收支结算管理：向业主办理收款结算和向分包商和供货商及其他单位和部门办理支付结算的管理。按照规定的流程和审批权限办理付款手续，并登记合同台账，及时为项目管理人员提供第一手的数据材料。

（6）税收管理：财务BP负责分析承包项目所在地的税制、税法，特别是营业税及附加以及设备增值税等税收。

（7）项目保险管理：包括人身安全、建筑工程一切险、安装工程一切险、货物运输等保险。财务 BP 参与并协助办理项目实施过程中的各种风险事项。

（8）项目文档管理：项目的文档对于财务的收入确认、结算、决算等非常重要，也是审计的必需文档。

3.5.3 项目财务管理的工具

项目财务管理中的管控点主要是围绕三个方面，即时间、成本、风险。接下来，对应这三个方面介绍一下如何运用相关的项目财务管理工具进行管控。

1. 项目的时间管控

项目的总体投入运营时间必须要严格按照计划完成，在实际工作中，可以用 WBS 工具来对项目时间进行计划和监督管理。那么 WBS 是什么工具呢？有哪些实际例子可以帮助我们直接上手运用？接下来，我们详细讨论。

WBS（work breakdown structure，工作分解结构）是一种项目管理工具，它可以将复杂的项目分解为更小、更具体的工作包，以便更好地进行项目管理和控制。WBS 工具对项目时间管理的运用案例可以见表 3-9，这个表格详细列出了项目各个层级的工作包，并为每个工作包分配了具体的开始时间、结束时间和持续时间，同时，还为每个工作包提供了更详细的描述和相应的负责人，这样可以帮助财务 BP 更好地了解项目的进度和各个工作包的详细情况，从而更好地进行项目管理和控制。

表 3-9　软件开发项目任务分解表

层级	工作包	描述	开始时间	结束时间	持续时间（天）	负责人
1级	项目启动与规划	包含项目启动会议、需求收集和分析、项目计划制订等活动	2024-01-01	2024-01-05	5	项目经理
2级	需求调研与分析	召开需求调研会议	2024-01-06	2024-01-08	3	需求分析师
		编写需求规格说明书	2024-01-09	2024-01-13	5	需求分析师
		需求评审会议	2024-01-14	2024-01-15	2	需求分析师、项目经理
2级	系统设计与开发	系统架构设计	2024-01-16	2024-01-20	5	系统架构师
		数据库设计	2024-01-21	2024-01-25	5	数据库管理员
		前端开发	2024-01-26	2024-02-10	16	前端开发人员
		后端开发	2024-02-11	2024-02-25	15	后端开发人员
2级	测试与部署	编写测试计划	2024-02-26	2024-02-28	3	测试人员
		单元测试	2024-03-01	2024-03-05	5	测试人员
		集成测试	2024-03-06	2024-03-10	5	测试人员
		系统测试	2024-03-11	2024-03-15	5	测试人员
		部署上线	2024-03-16	2024-03-20	5	运维团队
2级	用户培训与支持	编写用户手册	2024-03-21	2024-03-25	5	客户服务团队
		用户培训课程设计	2024-03-26	2024-03-30	5	培训师
		提供技术支持	2024-04-01	2024-04-10	10	客户服务团队
1级	项目收尾与总结	项目验收	2024-04-11	2024-04-15	5	项目经理、客户代表
		编写项目总结报告	2024-04-16	2024-04-20	5	项目经理
		经验教训总结会议	2024-04-21	2024-04-25	5	项目团队成员

2. 项目的成本管控

项目财务管理中成本管控的重要性不容忽视,只有通过有效的成本管控,才能实现项目的经济效益最大化、提高项目管理水平、增强企业竞争力和促进企业的长期发展。财务BP对项目成本控制主要体现在项目成本预算书的编制环节。另外,在项目执行过程中,要对项目成本预算书中的成本预算执行情况进行及时监控,防止执行过程中因为各种原因导致投入的实际成本超过预算成本。这里为了方便大家理解,提供一份项目成本预算书供参考,具体内容如下:

项目成本预算书

一、项目概述

项目名称:××城市基础设施升级项目

项目地点:××市××区

项目周期:12个月

项目目标:通过升级城市基础设施,包括道路、交通、水利、能源等方面,提升城市整体运行效率和居民生活质量。

二、成本预算明细

以下为本项目的成本预算明细,详细列出了各类成本及其分配,见表3-10。

表3-10 成本预算明细表

序号	成本类别	子项	单价(元)	数量	总价(元)	备注
1	人工成本	项目经理	30 000	1人×12月	360 000	
2	人工成本	技术团队	25 000	10人×12月	3 000 000	包括软件开发、数据分析等

续上表

序号	成本类别	子项	单价（元）	数量	总价（元）	备注
3	人工成本	施工团队	300	50人×180天	2 700 000	包括挖掘、安装、维护等
4	材料成本	基础设施材料				
4.1	道路材料	沥青、水泥等	5 000	1 000 吨	5 000 000	
4.2	交通设施	信号灯、标志牌等	2 000	500 套	1 000 000	
4.3	水利设施	水管、泵站等	8 000	200 套	1 600 000	
4.4	能源设施	电缆、变压器等	10 000	300 套	3 000 000	
5	材料成本	智能化设备				
5.1	监控设备	摄像头、传感器等	5 000	200 套	1 000 000	
5.2	通信设备	路由器、交换机等	3 000	100 套	300 000	
5.3	数据分析软件		50 000	1 套	50 000	
6	设备租赁成本	施工设备				
6.1	挖掘机		5 000	2 台×6 月	60 000	
6.2	铲车		4 000	3 台×6 月	72 000	
6.3	其他设备		3 000	10 台×6 月	180 000	
7	其他费用	培训费用	5 000	10 次	50 000	包括技术、安全等培训
8	其他费用	旅行与交通费用	3 000	10 次	30 000	包括项目考察、会议等
9	其他费用	其他杂费	2 000	10 次	20 000	包括文具、打印、通信等费用
总计					18 422 000	

三、注意事项

1. 本预算书仅为初步预算,实际成本可能因市场波动、技术变更等因素而有所调整。

2. 项目执行过程中,需密切关注成本变动,及时调整预算。

3. 项目完成后,需进行成本核算,与预算进行对比分析,总结经验教训。

四、预算调整机制

1. 若项目执行过程中发生不可预见的情况,导致成本超出预算,需及时汇报并调整预算。

2. 预算调整需经过项目管理部门审批,确保预算调整的合理性和必要性。

此预算书由项目经理签字确认,并作为项目执行和成本控制的依据。

项目经理签字:＿＿＿＿＿＿＿＿

日期:＿＿＿＿＿＿＿＿

3. 项目的风险管控

财务BP在进行项目财务管理时,一定要重点关注项目相关风险,常见的风险包括以下方面:

(1)市场风险:由于市场环境造成的项目收入波动、成本增加以及利润下降的风险,主要来源包括市场需求变化、竞争加剧、市场价格波动等。

(2)运营风险:由于对项目管理不当、产品质量疏忽等引发的投资损失。

(3)筹资风险:由于资金供需市场、宏观经济环境的变化,为项目筹集的资金金额到位不足。

(4)投资风险:项目投入一定资金后,因市场需求变化,导致没有达到预期投资收益率。

(5)存货风险:库存过多可能导致存货堆积,无法合理分配;库存过少则可能影响生产,进而影响收入。

(6)应收账款风险:逾期应收账款过多会导致项目资金流不足,引发项目持续运营危机。

为了应对这些风险,财务BP可以采用多种项目财务管理工具。以下是一些常见的工具:

(1)风险管理框架:制定明确的风险管理框架,包括风险识别、评估、监控和应对等环节,确保项目的顺利进行。

(2)风险识别与评估工具:利用专业的风险识别工具,如风险矩阵、风险清单等,对项目的潜在风险进行识别和评估。同时,也可以采用敏感性分析、概率分析等方法,对风险的影响程度和发生概率进行量化分析。

(3)风险监控与报告工具:通过定期的风险报告和监控,及时发现和应对项目中的风险。可以利用项目管理软件、风险管理信息系统等工具,对项目风险进行实时监控和预警。

(4)风险应对策略与措施:根据风险识别和评估的结果,制定相应的风险应对策略和措施。例如,对于筹资风险,可以采用多元化筹资方式、优化资金结构等措施;对于市场风险,可以通过市场调研、制定灵活的市场策略等方式进行应对。

(5)保险与担保措施:对于某些不可预见的风险,企业可以考虑购买相应的保险或寻求第三方担保,以降低潜在损失。

这里举一个最常用的风险矩阵工具的运用案例,来说明一下项目风险的管控。

> 假设一个软件开发项目正在进行中,该项目旨在开发一款新的移动应用程序。在项目管理过程中,团队识别出几个潜在的风险因素,并使用风险矩阵对这些风险进行评估。以下是一个详细的项目管理风险矩阵示例,见表3-11。

表 3-11 项目管控风险矩阵示例表

风险编号	风险描述	风险概率	风险影响	风险等级	应对策略
1	技术难题:新开发的算法可能无法按预期工作	中	高	高	1. 深入研究算法 2. 寻求外部专家咨询 3. 分配更多资源
2	市场变化:竞争对手发布了类似应用,导致需求减少	高	高	高	1. 调整市场策略 2. 加强产品差异化 3. 加快产品发布速度
3	人力资源:关键开发人员可能离职	低	中	中	1. 提前进行人才储备 2. 提供激励措施 3. 加强团队凝聚力
4	供应链风险:硬件供应商可能无法按时交货	中	低	低	1. 与多个供应商建立合作关系 2. 提前下单 3. 制订应急计划
5	预算超支:项目成本可能超出预算	低	高	中	1. 加强成本管理 2. 定期进行预算审查 3. 调整资源分配

注：
① 风险编号：每个风险都有一个唯一的编号，以方便跟踪和管理。
② 风险描述：需要简要说明风险的性质和内容。
③ 风险概率：评估风险发生的可能性，通常分为低、中、高三个等级。
④ 风险影响：评估风险发生后对项目目标、进度、成本等方面的影响程度。
⑤ 风险等级：根据风险概率和风险影响的组合，确定风险的等级。在本例中，风险等级也分为低、中、高三个等级。
⑥ 应对策略：针对每个风险制定具体的应对措施，以减轻或消除风险对项目的影响。

假设风险编号 2(市场变化:竞争对手发布了类似应用,导致需求减少)被评为高风险。这意味着该风险的发生概率很高，且一旦发生，对项目的影响也很大。为了应对这一风险，项目管理团队可能会采取以下策略：

(1)调整市场策略:重新评估市场需求,调整产品定位和营销策略,以吸引更多潜在客户。

(2)加强产品差异化:突出产品的独特功能和优势,与竞争对手的产品形成差异化,提高市场竞争力。

(3)加快产品发布速度:优化开发流程,加快产品开发和发布速度,以抢占市场先机。

通过制定并执行这些应对策略,财务 BP 可以帮助项目管理团队降低风险对项目的影响,确保项目的顺利进行。

第 4 章

财务BP对经营决策的支撑

　　财务BP对企业经营决策的支撑作用不容忽视。本章深入探讨了财务BP在经营决策中的核心作用，系统梳理了项目投资决策、团购业务决策、敏感性分析决策、项目保本点决策以及资源分配决策的实施步骤和方法。通过具体案例和实操指南，读者将学会如何收集和分析决策信息，构建决策模型，以及进行多因素敏感性分析，为企业的稳健发展提供有力的财务支持。

4.1 如何做好项目投资决策

4.1.1 项目投资决策的实施步骤

投资是实现资产增值的重要途径之一。通过投资,企业可以将资金转化为具有增值潜力的资产,随着时间的推移,这些资产的价值可能会增长,从而实现企业财富的增值。

按照投资与企业生产经营的关系,企业的投资可以分为两类,即直接投资和间接投资。

(1)直接投资:是指企业将资金直接投放于生产经营性资产,以便获取利润的投资。直接投资通常涉及对厂房、机器设备等固定资产的投资,以及对新技术和专利等的无形资产投资,以提高企业的生产能力和市场竞争力。

(2)间接投资:是指企业通过购买证券等金融资产进行的投资,以便取得股利或利息收入。间接投资通常不涉及直接的生产经营活动,而是通过购买股票、债券、基金等金融产品来获取投资收益。

在本章中,主要探讨的内容是直接投资。接下来以酒店项目投资为例,介绍一下投资决策的相关步骤。酒店投资决策的步骤如下:

(1)市场调研:了解酒店行业的发展趋势、竞争态势、目标市场的需求等,以便确定酒店的市场定位和发展策略。

(2)确定投资目标:明确投资目标,如酒店的星级、规模、特色等,以便进行后续的投资决策。

(3)分析投资环境:对投资环境进行分析,包括政策环境、经济环境、社会环境等,以确定投资的可行性和风险性。

(4)制定投资方案:根据市场调研和投资目标,制定具体的投资方案,包括酒店的建设规模、投资预算、资金来源等。

（5）评估投资方案：对投资方案进行评估，包括财务分析、风险评估等，以确定投资方案的优劣。

（6）决策投资方案：根据评估结果，决策投资方案是否可行。如果可行，则进行后续的投资实施。

（7）实施投资：根据投资决策，实施投资计划，包括土地购置或场地租赁、酒店建设、装修等。

（8）运营管理：酒店建成后，进行运营管理，包括招聘人员、制定管理制度、进行市场推广等。

4.1.2 如何收集投资决策相关信息

在实施上一节所说的投资决策过程中，从步骤（1）至步骤（5）都会涉及收集投资决策的相关信息，而步骤（6）至步骤（8）则依赖于这些收集到的信息进行最终的分析和决策。因此，项目的信息收集工作在投资决策过程中是非常重要的，那么，应该如何收集这些信息？收集信息的渠道都有哪些？具体内容如下：

1. 市场调研方面

可以使用行业报告和市场统计数据，了解行业现状和发展趋势。也可以采取调研的方式，对竞争对手的酒店进行实地考察、查阅公开资料，了解其服务、设施、价格等。另外，也可以使用在线问卷、调查网站等工具，收集目标市场的消费者偏好、消费能力等信息。

市场调研常见的信息收集渠道包括以下方面：

（1）政府机构：我国各个地方的统计局或者旅游管理部门会定期发布与

酒店业相关的数据,如旅游过夜人数、酒店房间供应量、平均房价、入住率等,财务 BP 可以通过访问这些政府机构的官方网站来获取相关数据。

(2)行业协会:如果投资的酒店所在地有行业协会,可以通过访问这些机构的官方网站或参加它们举办的活动来获取相关数据,也可以查阅行业协会发布的行业报告和调研数据。

(3)专业市场研究公司:有许多专业的市场研究公司提供全行业的研究报告和统计数据,财务 BP 一定要能够熟悉掌握一些网站,包括镝数聚、艾瑞、Mob 研究院、前瞻产业研究院、中国产业信息网等。当然,有些数据是这些网站免费提供的,有些数据是需要付费购买报告才能查看。

(4)酒店业内的专业出版物:包括酒店业杂志、行业报告等,通常会包含行业内的最新动态、市场分析和统计数据,也是获取酒店行业数据的重要来源。

(5)社交媒体和在线论坛:这些也是获取酒店行业数据的重要渠道,财务 BP 可以在相关的社交媒体平台或在线论坛上搜索相关话题或讨论,了解行业内的最新动态和趋势。

2. 确定投资目标方面

财务 BP 通过组织内部讨论和会议,明确酒店的投资定位、目标市场等。另外,财务 BP 也可以通过专家咨询,包括请教酒店行业专家、建筑师、室内设计师等,获取专业建议。

3. 分析投资环境方面

财务 BP 可以通过与当地政府、旅游局、酒店行业协会等机构联系,获取相关政策、法规和行业信息。同时,也可以关注酒店行业的新闻报道、行业动态,了解市场变化和趋势。

4. 制定投资方案方面

财务 BP 可以经过企业同意后，委托建筑、工程咨询公司进行项目可行性研究、预算估算等。另外，也可以通过咨询公司日常业务所在地的银行，以获取资金筹措的建议。

5. 评估投资方案方面

到了形成投资方案这个阶段，很多信息都是需要企业内部进行保密的，所以财务 BP 往往只能通过与企业内部管理策划部门等联合起来组成项目小组的形式，对投资方案进行联合评估。

这里需要说明的是，虽然此处以酒店投资决策为例，但是上述的投资决策步骤对各类项目是通用的。

4.1.3　制作项目投资决策模型实操

现代企业越来越注重理性投资，在投资一个项目的时候，除了凭借领导者对市场的敏锐度和观察力，也要依靠数据说话。科学进行投资决策分析，可以使领导者清晰地知道项目的投入产出，从而更加理性地判断本项目的可行性和经济效益情况，进而做出是否进行投资的决定。

这里还是继续以酒店投资决策来举例。

（1）进行充分的行业调研，了解行业的收益情况、行业中排名前 50 的专业酒店管理公司、酒店类型及投资规模等。

（2）了解酒店经营的模式。常见的经营模式包括业主自主经营并管理酒店、业主把自己投资的酒店交给专业的酒店管理公司进行全权管理、委托管理与特许经营模式相结合（即接受一家酒店专业公司同时提供管理服务和酒店品牌特许经营服务)、酒店管理公司参股酒店成为联合业主等。

(3)确定主要数据测算假设,例如投资额、房间数、入住率、房价、相关成本等。

(4)进行具体指标测算,常见的指标包括以下三种。

IRR:指资本金内部收益率,是项目投资实际可望达到的收益率。它其实是一个可以使项目的净现值等于零时的折现率,也就是资金流入现值总额与资金流出现值总额相等、净现值等于零时的折现率。

NPV:指净现值,是未来资金(现金)流入(收入)现值与未来资金(现金)流出(支出)现值的差额。净现值是项目评估中净现值法的基本指标。

投资回收期:也被称为"投资回收年限",简单来说就是回本所需要的时间。

下面一起来实操制作一个酒店投资回报测算模型。

具体操作

step 1:准备经营假设相关表格。根据前期调研了解到的信息,依次准备好投资假设表、资源假设表、成本费用假设表,如图4-1至图4-5所示。

序号	项目内容	金额(值)	比例	单位
1	总投资	5 000		万元
2	资本金	4 000	80%	
2.1	其中:合资方	3 000		
2.2	我方	1 000		
3	项目贷款	1 000	20%	
4	贷款利率	6%		
5	每3年增长率	3%		
6	每隔几年增长	3年		
7	折旧年限	10		年

图4-1 投资假设表

	A	B	C	D	E
13	资源假设				
14	项目	类别	单位		备注
15	酒店部分				
16	1	酒店房间数	间	300	
17	1.1	高档	间	60	20%
18	1.2	中档	间	240	80%
19	2	住宿费	元/间/天	300	
20	2.1	高档	元/间/天	380	
21	2.2	中档	元/间/天	280	
22	2.3	每5年增长率		10%	
23	3	入住率			
24	3.1	1-2年		65%	
25	4.1	3-5年		70%	
26	5.1	6-10年		75%	
27	6.1	11-20年		80%	
28	7.1	21-25年		85%	
29	8.1	26-30年		90%	

图 4-2　资源假设表(酒店业务)

	A	B	C	D	E
31					
32	项目	类别	单位		备注
33	商业部分				
34	1	出租面积	m²	500	
35	2	租金	元/m²/天	4	100
36	2.1	每5年增长率		10%	
37	3	出租率			
38	3.1	1-2年		60%	
39	3.2	3-5年		65%	
40	3.3	6-10年		70%	
41	3.4	11-20年		80%	
42	3.5	21-25年		85%	
43	3.6	26-30年		90%	

图 4-3　资源假设表(商业)

	A	B	C	D	E
44					
45	项目	类别	单位		备注
46	停车部分				
47	1	车位数	个	50	
48	2	价格	一天25元	15	
49	2.1	每5年增长率		10%	
50	3	停放率			
51	3.1	1-2年		75%	
52	3.2	3-5年		80%	

图 4-4　资源假设表(停车场)

	A	B	C	D
54				
55	成本费用假设			
56	序号	项目内容	比率	备注
57	1	酒店委托经营成本	3%	占收入比重
58	2	酒店人工成本	20%	占收入比重
59	3	酒店直接成本	3%	占收入比重
60	4	酒店订房费用	8%	占收入比重
61	6	每3年增长率	3%	
62	7	每隔几年增长	3年	
63				

图 4-5 成本费用假设表

step 2：制作测算表。根据经营假设相关表格，依次制作营业收入测算表、成本费用测算表、利润测算表、阶段利润表、现金流量测算表，如图 4-6 至图 4-10 所示。

收入测算										
项目	1年	2年	3年	4年	5年	6年	7年	8年	9年	10年
营业收入	2 742	2 742	2 947	2 947	2 947	3 468	3 468	3 468	3 468	3 468
酒店	2 135	2 135	2 300	2 300	2 300	2 710	2 710	2 710	2 710	2 710
商业	44	44	47	47	47	56	56	56	56	56
停车	563	563	600	600	600	701	701	701	701	701
出租率	1年	2年	3年	4年	5年	6年	7年	8年	9年	10年
酒店	65%	65%	70%	70%	70%	75%	75%	75%	75%	75%
商业	60%	60%	65%	65%	65%	70%	70%	70%	70%	70%
停车	75%	75%	80%	80%	80%	85%	85%	85%	85%	85%
价格增长率	1年	2年	3年	4年	5年	6年	7年	8年	9年	10年
酒店	1.00	1.00	1.00	1.00	1.00	1.10	1.10	1.10	1.10	1.10
商业	1.00	1.00	1.00	1.00	1.00	1.10	1.10	1.10	1.10	1.10
停车	1.00	1.00	1.00	1.00	1.00	1.10	1.10	1.10	1.10	1.10

图 4-6 营业收入测算表

项目	建设期1	建设期2	1年	2年	3年	4年	5年	6年	7年	8年	9年	10年
成本费用			2 066	2 043	2 097	2 132	2 129	2 269	2 309	2 306	2 302	2 343
1.运营费用			1 506	1 486	1 542	1 580	1 580	1 724	1 767	1 767	1 767	1 812
1.1人工成本(管理人员)			290	290	290	299	299	299	308	308	308	317
1.2酒店委托经营成本			64	64	69	71	71	84	86	86	86	89
1.3酒店人工成本			427	427	460	474	474	558	575	575	575	592
1.4酒店直接成本			64	64	69	71	71	84	86	86	86	89
1.5酒店订房费用			171	171	184	189	189	223	230	230	230	237
1.6酒店大修费用												
1.7停车场管理费人工成本			10	10	10	10	10	10	10	10	10	10
1.8水电费			260	260	260	260	260	260	260	260	260	260
1.9维修维护费			100	100	100	103	103	103	106	106	106	109
1.10其他业务成本			120	100	100	103	103	103	106	106	106	109
2.固定资产折旧			500	500	500	500	500	500	500	500	500	500
3.偿还利息			60	57	55	52	49	45	42	38	34	30

图 4-7 成本费用测算表

图 4-8 利润测算表

图 4-9 阶段利润表

图 4-10 现金流量测算表

酒店公司的营业收入方面,假设有三类业务来源,包括酒店房间出租、商业租赁(即除了酒店房间租赁外,酒店公司会把一楼大堂等某些区域单独出租给第三方进行商业超市、KTV等经营,进而获取租金)、停车场(停车位租赁可以对住店旅客,同时也可以对周边的公司或者住户实施租赁)。

> 酒店房间租赁业务收入＝酒店房间数量×房间单天出租价格×
> 全年平均入住率×365 天
> 商业租赁业务收入＝出租面积×单天单位面积租金×全年平均出租率×365 天
> 停车场业务收入＝停车位数量×全年平均出租率×平均每个停车位的收费

本书采取的是简易算法,如果数据基础比较好,也可以使用如下公式,即:

> 停车收入＝停车位数量×平均每个停车位的收费×日停车次数×运营天数

酒店公司的成本费用方面,需要说明以下几个重点成本:

(1)酒店委托经营成本:该成本的意思是公司通过加盟等形式,获得知名连锁酒店的品牌授权,酒店品牌方会派驻管理人员对酒店进行协助管理,所以酒店主要投资者需要按照营业收入的一定比例支付给酒店品牌方作为委托经营成本。如果酒店由投资者自行经营,那么这项费用就不用考虑。

(2)酒店人工成本:此项费用需要按照人房比(即酒店员工人数除以酒店房间数)等指标进行测算,并综合考虑保洁人员、保安人员以及前台服务人员等人员配置。这里最主要的人房比是酒店清洁工人房比,即酒店清洁工人数量与酒店客房总数之间的比值,这个比值用于衡量酒店清洁工作的效率和清洁工人的工作量,具体的人房比数值会因酒店的规模、客房类型、清洁标准等因素而有所不同。一般来说,经济型酒店的清洁工人房比可能在 0.12~0.16 之间,即每 100 间房配备 12~16 个清洁工人;中档酒店的清洁工人房比可能在 0.18~0.2 之间,即每 100 间房配备 18~20 个清洁工人。

(3)酒店直接成本:包括床单、毛巾、洗漱用品等客房用品成本,客房清洁和维护的费用。如果酒店有设置餐饮配套业务,还需要包括食品、饮料、餐具和厨具等成本。

(4)酒店订房费用:根据酒店与不同预订渠道(如在线预订平台、旅行社等)的合作方式和协议,计算每个预订渠道的费用,这些费用可能包括佣金、手续费或其他形式的费用。另外,如果固定使用某个外部预定系统,可能需要支付一定的系统使用费、维护费或其他相关费用。

(5)酒店大修费用:酒店每隔10年左右就要进行一次重新装修,以确保设施设备处于良好水平,更好地吸引住客,确保酒店保持在一个较高的入住率水平。酒店重新装修的费用测算涉及多个方面,包括设计费、施工费、材料费等,这里可以请专业的设计或施工方进行测算。

在进行最终决策时,通常会综合考虑IRR、NPV和投资回收期的预测水平,若论三个指标中最重要的,那肯定是IRR,现金流量测算表中的IRR计算公式为"=IRR(C12:AH12)",计算出的数值为20%,即资本金内部收益率为20%,若投资人经过评估,评估结果高于自己可以接受的收益率,则可以选择进行投资。

除了经营效益方面的考虑外,投资时也要考虑该业务是否符合公司的战略规划,是否有较大的政策或市场等风险,进行综合评判后,再决定是否投资。

4.2 如何做好团购业务决策

财务BP确实需要很多硬核技能,不仅要懂财务,还要懂管理,会决策。接下来举一个团购决策的例子。

> 进入了经营淡季,一家餐饮公司为了提高销售业绩,决定举办一次为期一个月的团购活动,做一个套餐的团购销售,该套餐平时售价220元,团购价仅售100元。
>
> 财务BP做了一个初步测算,发现做这个销售活动,公司所得毛利几乎为0,如果再算上费用开支,公司注定是做亏本买卖,因此坚决反对。

但是,如果再结合业务进行深入分析,团购真的不值得做吗?下面一起来深入地看看,见表4-1至表4-3。

表 4-1 公司月度利润表

单位：元

序号	项目	金额	备注
一	销售额	1 238 400	消费人数：12 000 人
减：	销售折扣	26 928	
二	销售净额	1 211 472	
三	销售成本	464 400	
四	毛利	747 072	销售净额-销售成本
	各种费用如下：	517 647	
1	工资及福利费	269 280	职工人数：50 人
2	水电燃等能源费用	60 062	
3	房租费	79 200	
4	差旅和交通费	9 485	
5	低耗品摊销	28 008	
6	维修费	11 664	
7	物料费	26 006	
8	其他费用	33 941	
9	营业外收支略	—	
五	利润总额	229 425	
减：	企业所得税	57 356	
六	净利润	172 069	

从表 4-1 中可以看出，毛利＝销售净额－销售成本＝747 072（元），毛利率＝毛利÷销售额＝747 072÷1 238 400≈60%。

接下来，为了更加准确地计算边际贡献，将成本费用进一步分类，分为固定费用、变动费用和半变动费用，为了简化计算，这里将半变动费用按照 50% 作为变动费用处理。

表 4-2 变动费用计算表

单位:元

序号	费用项目	金额	性质	变动部分
1	工资及福利费	269 280	固定	—
2	水电燃等能源费用	60 062	变动	60 062
3	房租费	79 200	固定	—
4	差旅和交通费	9 485	半变动	4 743
5	低耗品摊销	28 008	半变动	14 004
6	维修费	11 664	半变动	5 832
7	物料费	26 006	半变动	13 003
8	其他费用	33 941	半变动	16 970
变动费用合计				114 615

边际贡献 = 毛利 - 变动费用 = 747 072 - 114 615 = 632 457(元)

边际贡献率 = 边际贡献 ÷ 销售额 = 632 457 ÷ 1 238 400 ≈ 51%

这家餐饮店的月度销售额为 124 万元时,当月就餐人数为 12 000 人,人均消费约 103 元;月度销售额为 86 万元时,人数 9 050 人,人均消费 95 元。

假设当月就餐人数为 12 000 人,平均每周就餐人数为 3 000 人,平均 4 人一桌,一个月共计 3 000 桌,若每周消费分布相同,则平均每周 750 桌。假设的每周桌数分布见表 4-3。

表 4-3 每周用餐桌数分布表

单位:桌

时间段	周一	周二	周三	周四	周五	周六	周日
中午	21	21	24	30	40	80	80
晚上	42	42	45	55	90	90	90

团购套餐的定价为 220 元,按照边际贡献率 51% 计算,变动成本约为 108 元,如果给团购网站的成本设为一单 20 元,则总变动成本为 128 元。

如果团购定价为 100 元,则一份订单亏损 28 元,财务 BP 的第一版初步测算就是算出来这个数字以后,才觉得做团购没有经济性,不能给公司带来利润。

但是,财务 BP 的第一版初步测算忽视了财务数据以外的因素,即他没有结合业务去思考这个问题。因为,销售人员不是这么考虑问题的,销售人员认为,公司平均每客消费为103元,边际贡献为51%,即多一个客人,就会至少多赚52元。意思是说,如果一份团购限制最多两人共用,并且不带多人用餐的情况下,那么公司就是亏钱的,但是,如果这两个买团购的人,再多带1~2人来消费的话,每客的边际贡献完全可以弥补团购所带来的利润损失。

另外,销售人员认为团购相比打广告对销售的促进作用更加有效,如果做1 000份团购,算上付给团购网站和公司自己需要负担的成本,一共才花费28 000元,这不到30 000元的团购费,可以带来未来不可预计的销量增长,只要做好服务,让客人成为回头客,这些客人可以带来更多的消费顾客,因此,等到那个时候,30 000元的团购费有可能带来30万元,乃至300万元的利润增量。

销售人员认为公司的产能(即餐桌数)一直都没有用足,导致公司的固定成本浪费,很明显的现象就是周末最火爆的晚上,有时桌子也没有全部坐满,服务生和厨师有时会比较悠闲,公司的空调用电不管有没有客人都需要全天开放,这些固定成本如果没有利用好,就会导致浪费,主要原因就是产能不足。

综上所述,销售人员认为,如果团购活动作为专项销售推广活动实施,30 000元的开销本就不大,且能有效消除过剩产能,减少浪费,还可以有效进行宣传促销,另外,他们认为只有推动销售量上涨,才能带来更好的利润。

从业务的角度看,这个团购还是值得试试的,有时只是关注成本,会带来视角的缺失,不利于推进公司发展。经过财务BP与业务人员的充分沟通后,项目组一起实施了这个团购业务,并取得了较好的成效。

4.3 如何做好敏感性分析决策

财务BP在支撑销售业务过程中,往往需要根据价格和销量变动对利润影响进行各种测算,这里就需要用到敏感性分析,敏感性分析指衡量不确定因素的变化对项目评价标准的影响程度,比如针对某一产品在某一时期可以进行价格或数量的敏感性分析,从而可以得出其销售额或净利润的敏感度。接下来,通过下面的具体案例介绍几种敏感性分析的应用。

4.3.1 单价变动对利润的影响分析

下面来实操制作一个单价变动对利润的影响分析模型,这里主要是要用到 Excel 中的模拟运算表工具。

具体操作

step1:准备基础数据区域。制作一张利润表,用于下一步的敏感性分析。这张利润表的利润计算依据为销量 5 000 个,单价 300 万元/个,如图 4-11 所示。

	A	B	C
1		敏感性分析(单位:万元)	
2	销量	5 000 个	
3	价格	300	
4		总额	单台
5	销售收入	1 500 000	300.00
6	材料成本	750 000	150.00
7	变动性成本	250 000	50.00
8	固定性成本	450 000	90.00
9	息税前利润	50 000	10.00
10	利息费用	12 000	2.40
11	税前利润	38 000	7.60
12	所得税	9 500	1.90
13	税后净利润	28 500	5.70
14			

图 4-11 设置基础数据区域

step2:设置辅助决策数据区域。在 A17:I19 区域制作辅助决策数据区域,其中,在 C18:I19 区域中要录入按照原利润表单价的 85%~115% 范围变化的单价区间,用来测算价格变化对利润的影响。在 B19 单元中输入"=B13",用来关联利润表中的利润,如图 4-12 所示。

敏感性分析（单位：万元）			
销量	5 000		
价格	300		
		总额	单台
销售收入		1 500 000	300.00
材料成本		750 000	150.00
变动性成本		250 000	50.00
固定性成本		450 000	90.00
息税前利润		50 000	10.00
利息费用		12 000	2.40
税前利润		38 000	7.60
所得税		9 500	1.90
税后净利润		28 500	5.70

价格变动幅度		85%	90%	95%	100%	105%	110%	115%
价格		255	270	285	300	315	330	345
税后净利润	28 500							

图 4-12　设置辅助决策数据区域

step3：启动模拟运算，进行敏感性分析。选中 B18:I19 区域，单击【数据】—【模拟分析】—【模拟运算表】选项，在打开对话框的【输入引用行的单元格】中链接"B3"单元格，然后单击【确定】按钮。这时，单价从 85% 变动到 115% 的利润就都测算好了。如图 4-13 至图 4-15 所示。

图 4-13　选择【模拟运算表】

图 4-14　在【模拟运算表】中输入引用的单元格

价格变动幅度	85%	90%	95%	100%	105%	110%	115%
价格	255	270	285	300	315	330	345
税后净利润	28 500	−140 250	−235 875	−278 906	−278 906	−238 027	−152 179	−10 531

图 4-15　最终结果

4.3.2 单价和销量同时变动对利润的影响分析

下面来实操制作一个单价和销量同时变动对利润的影响分析模型,此处也需要用到模拟运算表工具。

具体操作

step1:准备基础数据区域。与上一个案例共用这张利润表,用于下一步的敏感性分析。利润表计算依据为销量 5 000 个,单价 300 万元/个,如图 4-16 所示。

	A	B	C
1	敏感性分析(单位:万元)		
2	销量	5 000	
3	价格	300	
4		总额	单台
5	销售收入	1 500 000	300.00
6	材料成本	750 000	150.00
7	变动性成本	250 000	50.00
8	固定性成本	450 000	90.00
9	息税前利润	50 000	10.00
10	利息费用	12 000	2.40
11	税前利润	38 000	7.60
12	所得税	9 500	1.90
13	税后净利润	28 500	5.70
14			

图 4-16 设置辅助决策数据区域

step2:设置辅助决策数据区域。在 A23:J34 区域制作辅助决策数据区域,其中,在 D25:J25 区域中要录入按照原利润表单价的 85%~115% 范围变化的单价区间,用来测算价格变化对利润的影响;在 C26:C34 区域中要录入按照原利润表销量的 85%~125% 范围变化的单价区间,用来测算销量变化对利润的影响。在 C25 单元格中输入"=B13",用来关联利润表中的利润,如图 4-17 所示。

销量变动幅度		价格变动幅度						
		85%	90%	95%	100%	105%	110%	115%
	28 500	255	270	285	300	315	330	345
85%	4 250							
90%	4 500							
95%	4 750							
100%	5 000							
105%	5 250							
110%	5 500							
115%	5 750							
120%	6 000							
125%	6 250							

图 4-17　设置辅助决策数据区域

step3：启动模拟运算，进行敏感性分析。选中 C25：J34 区域，单击【数据】—【模拟分析】—【模拟运算表】选项，在打开对话框的【输入引用行的单元格】中链接"B3"单元格，在【输入引用列的单元格】中链接"B2"单元格，然后单击【确定】按钮。单价从 85% 变动到 115%，销量从 85% 变动到 125% 的利润就都测算好了，这样就得到 63 种利润组合，可以用来判断单价和销量处于不同范围的时候，利润如何发生变化，如图 4-18、图 4-19 所示。

图 4-18　在【模拟运算表】中输入引用的单元格

销量变动幅度		价格变动幅度						
		85%	90%	95%	100%	105%	110%	115%
	28 500	255	270	285	300	315	330	345
85%	4 250	(171 188)	(123 375)	(75 563)	(27 750)	20 063	67 875	115 688
90%	4 500	(160 875)	(110 250)	(59 625)	(9 000)	41 625	92 250	142 875
95%	4 750	(150 563)	(97 125)	(43 688)	9 750	63 188	116 625	170 063
100%	5 000	(140 250)	(84 000)	(27 750)	28 500	84 750	141 000	197 250
105%	5 250	(129 938)	(70 875)	(11 813)	47 250	106 313	165 375	224 438
110%	5 500	(119 625)	(57 750)	4 125	66 000	127 875	189 750	251 625
115%	5 750	(109 313)	(44 625)	20 063	84 750	149 438	214 125	278 813
120%	6 000	(99 000)	(31 500)	36 000	103 500	171 000	238 500	306 000
125%	6 250	(88 688)	(18 375)	51 938	122 250	192 563	262 875	333 188

图 4-19　最终结果

4.3.3 多个因素同时变动对利润的影响分析

企业面临着复杂的外部环境,所以在做经营分析测算时,往往需要考虑多个方面对企业经营效益的影响,也就是需要分析多个因素同时变化对利润的影响情况,这个时候,用普通的 Excel 函数和数据透视表是无法满足我们的需求的,需要用到更加高级的工具即滚动条控件,这样作为财务 BP 的我们就可以随时应对各种各样的测算需要,想要的数据测算结果分分钟就能出来。

这个分析模型需要用到的滚动条控件也称拉杆,它可以用于企业的各种经营及财务测算,尤其在开经营分析会的时候,会让你从容应对领导的各种需求。例如,领导开会的时候会突然问,如果我们下半年收入比上半年增长 15%,那业绩考核能得多少分?如果按照这样的考核分数,管理序列岗位的员工年度工资是否有所上升?如果产品单价上升 15%,能否完成集团公司下达的 20% 毛利率的考核指标,等等。对于各种场景的测算,用拉杆做数据敏感性分析是最好的方法,既直观又快速。下面用一个案例进行说明。

现在假设的场景是:公司要召开当年的半年经营分析会,现在公司主要商品有 5 种。上半年的各产品销售额已经统计出来了,销售经理、财务经理以及总经理坐在一起探讨当年能否达成公司预期业绩。现在财务经理要同销售经理一起,对下半年的 5 种主要商品的增长率进行判断,看看各商品需要怎样的增长才能实现公司想要的目标利润。基础数据如图 4-20 所示。下面开始进行实操。

	产品品牌	发货仓库	2024年1-6月销售金额
3			
4	品牌1	上海	28 055
5	品牌2	北京	281 108
6	品牌3	广州	90 768
7	品牌4	南京	118 079
8	品牌5	上海	141 643

图 4-20 设计数据测算表单

具体操作

step1：插入控件。选中【开发工具】菜单中的【插入】—【表单控件】—【滚动条】选项，如图4-21所示。

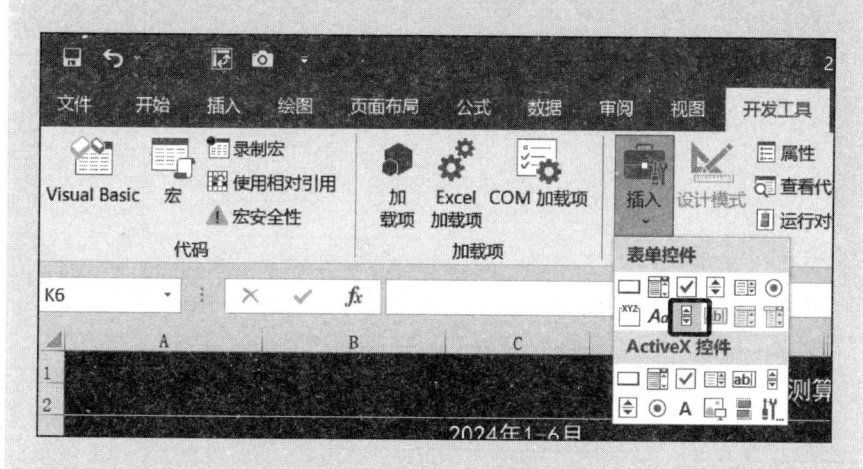

图4-21　插入滚动条控件

step2：设置控件参数。选中控件后右击，选择【设置控件格式】选项，打开对话框（图4-22）在【单元格链接】中输入"＄E＄4"，其他可以选择默认设置。这里的【最大值】和【最小值】为拉杆输出的极限值，【步长】为单击一下三角箭头移动的数值跨度，【页步长】为单击一下中间竖杠移动的数值跨度。

step3：设置辅助绘图的联动公式。在F4单元格输入公式"＝E4/100－50%"，即销售额的变动率，减去50%的意思是让变动率的变化区间在－50%到＋50%之间。之后，在G4单元格输入公式"＝C4＊(1+F4)"，这个单元格是单价变动后的数值。G5~G8单元格也是一样进行设置，拉杆可以是通过复制粘贴的方法进行设置，如图4-23、图4-24所示。

图 4-22 设置控件参数

全年营业收入测算							
产品品牌	发货仓库	2024年1-6月销售金额	调节拉杆		下半年增幅	7-12月销售额	2024年全年销售额
品牌1	上海	28 055	<	>	=E4/100-50%	=C4*(1+F4)	=C4+G4
品牌2	北京	281 108	<	>	=E5/100-50%	=C5*(1+F5)	=C5+G5
品牌3	广州	90 768	<	>	=E6/100-50%	=C6*(1+F6)	=C6+G6
品牌4	南京	118 079	<	>	=E7/100-50%	=C7*(1+F7)	=C7+G7
品牌5	上海	141 643	<	>	=E8/100-50%	=C8*(1+F8)	=C8+G8

图 4-23 设置测算公式

全年营业收入测算							
产品品牌	发货仓库	2024年1-6月销售金额	调节拉杆		下半年增幅	7-12月销售额	2024年全年销售额
品牌1	上海	28 055	<	>	10%	30 860.5	58 916
品牌2	北京	281 108	<	>	17%	328 896.36	610 004
品牌3	广州	90 768	<	>	16%	105 290.88	196 059
品牌4	南京	118 079	<	>	-10%	106 271.1	224 350
品牌5	上海	141 643	<	>	-37%	89 235.09	230 878

全年利润情况测算							
	2024年	2023年	同比增加额	增长率	全年预算	预算进度完成	较预算进度增减
销售收入	1 320 207	1 200 000	120 207	10%	1 300 000	102%	2%
固定成本	500 000	500 000	—	0%	500 000	100%	0%
变动成本	700 000	600 000	100 000	17%	650 000	108%	8%
利润	120 207	100 000	20 207	20%	150 000	80%	-20%

图 4-24 最终效果

当单击或者拉动拉杆时，可以对各个品牌下半年的销售额进行测算，看全年的销售额是否达标，如果没有达标，与会人员讨论分析，看有没有更好的促销手段来扩大销量以及压缩各项成本的举措，以达到目标利润值。

4.4 如何做好项目保本点决策

本量利分析法可以揭示成本、业务量和利润之间的数量关系，分析的对象是收入、成本和利润，通过进一步把收入分解为单价与销量，按成本习性把成本分为固定成本和变动成本，研究单价、销量、固定成本、变动成本与利润之间的变化规律，分析利润最大化的方案以及找到利润改善的最佳途径，以便企业做出最优选择。通过本量利分析可以帮助企业更好地进行各类决策，包括企业新项目、新业务拓展计划、固定成本投入计划、产品组合与定价计划、销售规划以及在销量和单价固定情况下的如何控制固定成本、变动成本以实现目标利润等。

本量利分析的公式来自最基本的利润公式：

利润＝收入－成本

通过将收入和成本进行分拆，可以将公式改为：

利润＝销量×单价－（销量×单位变动成本＋固定成本）

也可以表达为：

利润＝销量×（单价－单位变动成本）－固定成本

根据本量利分析公式，衍生出保本点的计算公式：

保本点销量＝固定成本÷（单价－单位变动成本）

这个公式的意思是利润等于零时的销售水平。保本点也是盈亏临界点，是进行经营决策的重要依据。若产品的生产能力和销售能力达不到保本点则无法盈利，除非采取办法使销售能力超过保本点，或者设法通过降低成本、提高售价的方法降低保本点，否则该产品则不能投产。企业进行新项目、新业务投资时通常需要测算保本点，以确定项目的可行性以及制订相应的销售计划。

下面来实操制作一个奶茶店盈亏平衡分析的案例。

具体操作

step1：准备基础数据区域。制作一个奶茶店的月度利润表。按照投资15万元，包括装修费、设备费等，5年平均摊销；商品平均单价15元/杯，销量5 830杯；变动成本中包括原材料（按照销售额的30%计算）和员工变动薪酬部分（每个月的抽成为总营业额的1%）；固定成本中包括租金、折旧费、员工固定底薪、销售和管理费用等，如图4-25所示。

奶茶店盈亏平衡测算

项目	金额	备注
投资金额	150 000	包括装修费、设备费；按照5年摊销

项目	价格	备注
单价	15	
销量	5 830	
销售额	87 450	
变动成本	27 110	
原材料	26 235	30%
员工变动薪酬	875	每个月的抽成为总营业额的1%
固定成本	48 500	
租金	20 000	
折旧费	2 500	
员工固定底薪	20 000	5名员工
销售和管理费用	6 000	含水电费等
利润	11 841	
盈亏平衡点销售量	4 686	固定成本/（单价-变动成本）

图4-25　准备基础数据区域

step2：插入控件。选中【开发工具】菜单中的【插入】—【表单控件】—【滚动条】选项，操作两次，插入两个滚动条。依次右击控件，选择【设置控件格式】选项，在【单元格链接】中分别输入"C6"和"C7"，其他可以选择默认设置。这样单价和销量就可以依据滚动条的变动进行变化了,为之后的动态测算打下基础,如图4-26所示。

奶茶店盈亏平衡测算

项目	金额	备注
投资金额	150 000	包括装修费、设备费;按照5年摊销

项目	价格	备注
单价	15	
销量	5 830	
销售额	87 450	
变动成本	27 110	
原材料	26 235	30%
员工变动薪酬	875	每个月的抽成为总营业额的1%
固定成本	48 500	
租金	20 000	
折旧费	2 500	
员工固定底薪	20 000	5名员工
销售和管理费用	6 000	含水电费等
利润	11 841	
盈亏平衡点销售量	4 686	固定成本/(单价-变动成本)

图4-26 加入控件

step3:设置辅助绘图区。在B30:E49区域制作辅助绘图区,其中,销量是从1 000到9 500,这里可以根据奶茶店的月度销量按需设置,即大概进行一下最小销量和最大销量的判断,销售收入、总成本和利润是依据基础数据区域的计算公式得出的,如图4-27所示。

绘图数据

销售量	销售收入	总成本	利润
1 000	15 000	53 150	-38 150
1 500	22 500	55 475	-32 975
2 000	30 000	57 800	-27 800
2 500	37 500	60 125	-22 625
3 000	45 000	62 450	-17 450
3 500	52 500	64 775	-12 275
4 000	60 000	67 100	-7 100
4 686	70 290	70 290	0
5 000	75 000	71 750	3 250
5 500	82 500	74 075	8 425
6 000	90 000	76 400	13 600
6 500	97 500	78 725	18 775
7 000	105 000	81 050	23 950
7 500	112 500	83 375	29 125
8 000	120 000	85 700	34 300
8 500	127 500	88 025	39 475
9 000	135 000	90 350	44 650
9 500	142 500	92 675	49 825

图4-27 制作辅助绘图区

step4：制作盈亏平衡线区。在 B53:C56 区域制作盈亏平衡线区，C54 和 C56 单元格分别取辅助绘图区中的最小值和最大值，C55 单元格取保本量销售量，这样三点成一线，盈亏平衡线就可以穿过 X 轴了，如图 4-28 所示。

图 4-28　制作盈亏平衡线区

step5：制作本量利分析图。选中 B31:E49，插入带平滑线和数据标记的散点图，如图 4-29 所示。单击刚插入的散点图，选择【图表设计】—【选择数据】选项，将相关数据区域输入到图 4-30 所示的对应位置，盈亏平衡线就插入好了，如图 4-31 所示。

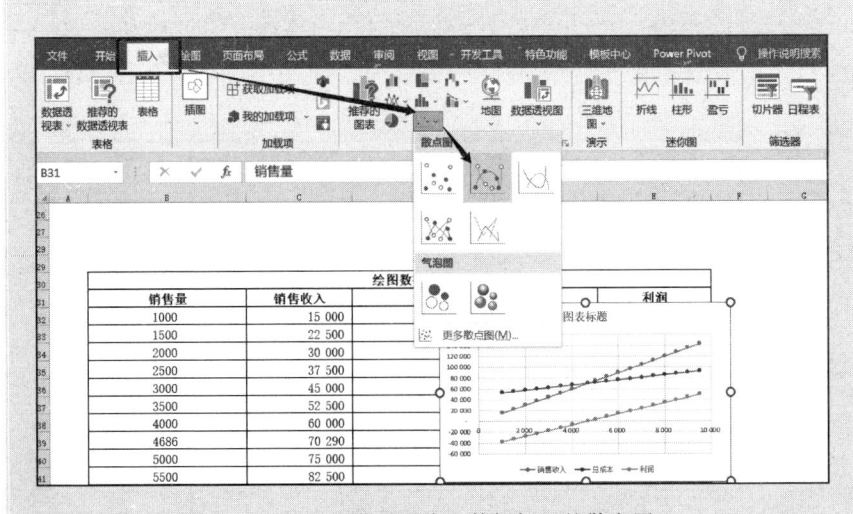

图 4-29　插入带平滑线和数据标记的散点图

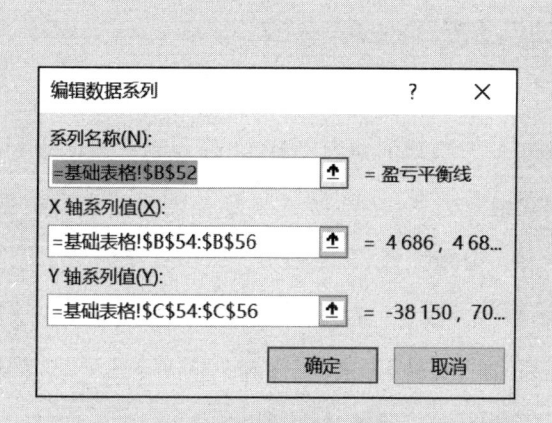

图 4-30　插入盈亏平衡线

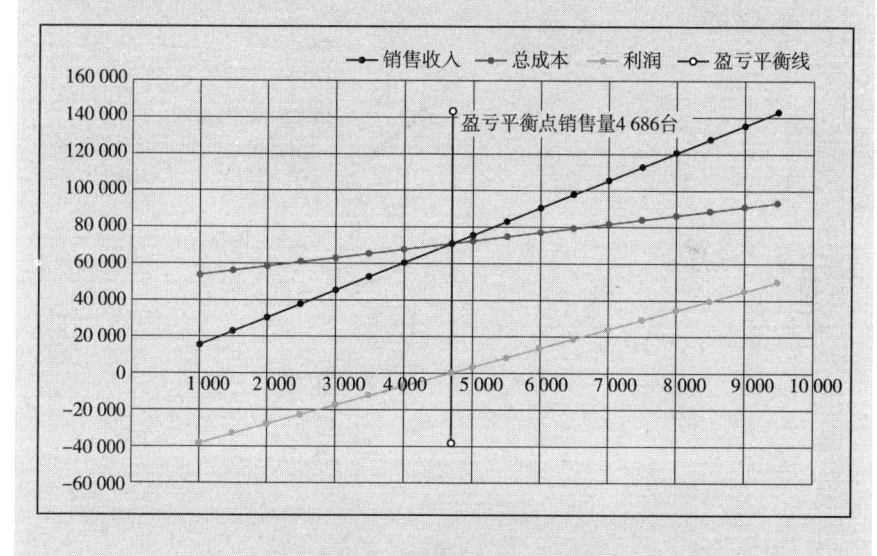

图 4-31　本量利分析图最终效果

另外，如果单价或者销量发生变化的时候，可以用滚动条进行测算，盈亏平衡点按照最新的变化进行测算。

4.5 如何做好资源分配决策

在 Excel 中有一个隐藏的强大工具,叫作规划求解。规划求解可以理解成假设分析,即在给定的条件下,通过改变一组单元格的数据,来得到某个单元格目标值(通常是最大值、最小值等)。

调出规划求解的方法:选择【开发工具】—【Excel 加载项】—【规划求解加载项】选项;接下来,选择【数据】—【规划求解】选项,这样就出现规划求解工具的界面了,如图 4-32 至图 4-34 所示。

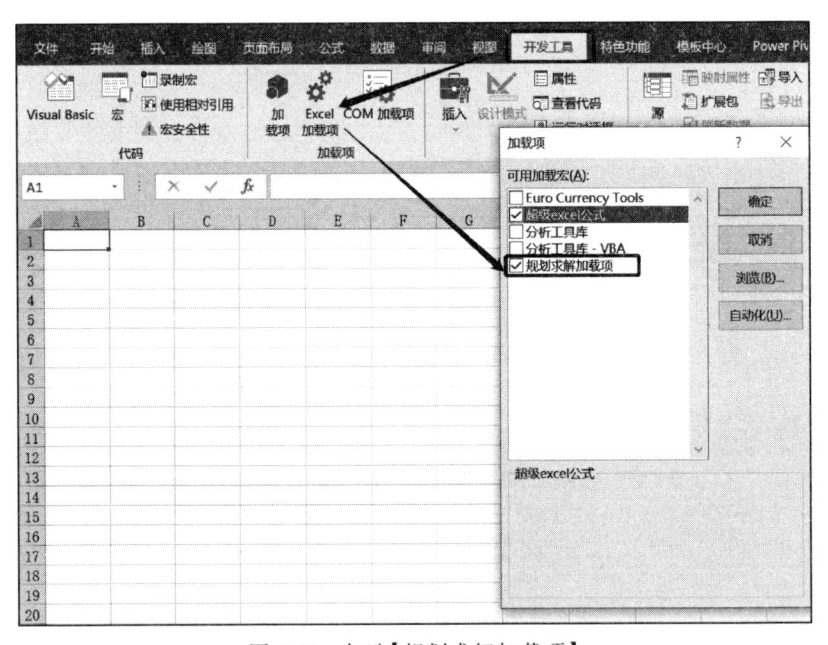

图 4-32 勾选【规划求解加载项】

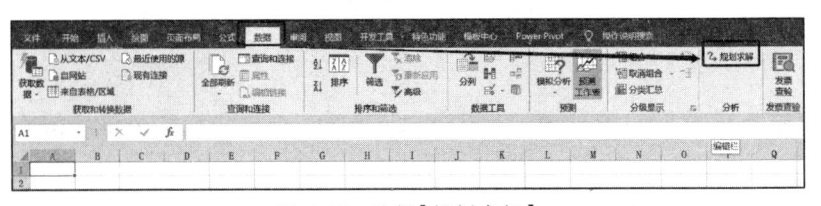

图 4-33 选择【规划求解】

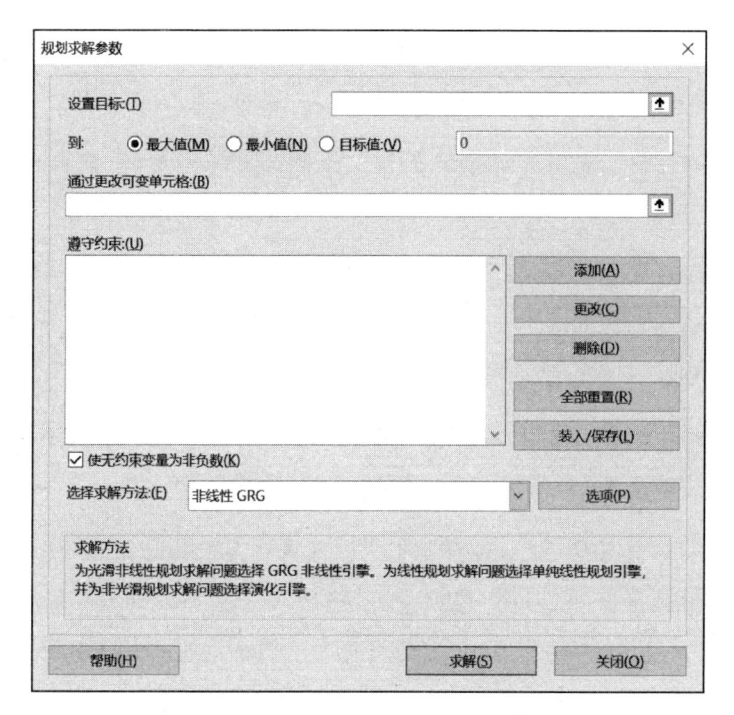

图 4-34 规划求解工具界面

下面来操作一个规划求解应用的具体案例。假设,拟对商铺进行装修,总预算是 8 万元,具体分项预算如图 4-35 所示,其中,在 C 列和 D 列为各分项预算的下限和上限预算,即各分项预算不能低于下限值,也不能高于上限值。经过初步估算的预算见 E 列,总预算花费 6.5 万元。但是,现在领导要求预算必须安排在 8 万元。

	A	B	C	D	E
1	装修内容	费用区间	下限	上限	花费
2	门头	10 000-30 000	10 000	30 000	10 000
3	墙面	5 000-12 000	5 000	12 000	8 000
4	灯饰	4 000-8 000	4 000	8 000	5 000
5	墙面	10 000-15 000	10 000	15 000	10 000
6	水电	20 000-30 000	1 000	3 000	2 000
7	设备	15 000-40 000	15 000	40 000	30 000
8				合计	65 000

图 4-35 分项预算表

接下来,用规划求解工具进行测算。

具体操作

step1:梳理规划求解假设条件。根据以上测算要求,整理出本次规划求解需要满足的三个条件:

(1)总花费8万元。

(2)各明细花费高于下限值。

(3)各明细花费低于上限值。

step2:进行规划求解测算。选择【数据】—【规划求解】选项,对【规划求解参数】对话框进行设置:

(1)设置目标:E8。即分项预算的合计。

(2)设置目标到:80 000。即装修总花费规划为8万元。另外,这里还可以不写具体数据,选择【最大值】或【最小值】选项,这样在做收入、成本、利润等测算的时候,可以进行最大值或最小值求解。本案例由于是要求有一个具体的规划值8万元,所以这里手工输入80 000。

(3)通过更改可变单元格:E2:E7。即对各分项花费进行测算。

(4)遵守约束:E2:E7<=D2:D7;E2:E7>=C2:C7。意思是让各项具体花费高于下限值,同时低于上限值。

(5)单击【求解】按钮。

上述参数设置如图4-36所示。

图 4-36 设置规划求解参数

经过上述操作,就得到了最终想要的规划求解结果,如图 4-37 所示。E 列中各分项的预算花费被重新计算了,并且合计刚好是 8 万元(可以将小数点保留到个位,这样就不会有尾数问题了)。

	A	B	C	D	E
1	装修内容	费用区间	下限	上限	花费
2	门头	10 000-30 000	10 000	30 000	11 706.51
3	墙面	5 000-12 000	5 000	12 000	9 092.164
4	灯饰	4 000-8 000	4 000	8 000	5 426.627
5	墙面	10 000-15 000	10 000	15 000	11 706.51
6	水电	20 000-30 000	1 000	3 000	2 068.26
7	设备	15 000-40 000	15 000	40 000	40 000
8				合计	80 000.07

图 4-37 最终结果

第5章

财务BP沟通能力的突破

很多人认为财务BP是一个专业岗位,只要精通财务专业和公司业务就可以了,实则不然,因为财务BP的日常工作需要经常性地进行跨职能沟通。首先,沟通能力强,可以有助于财务BP与同事、客户和利益相关者建立信任关系,通过清晰、准确地传达信息,可以展示自己的专业性和可靠性,从而更加有利于开展日常工作。其次,良好的沟通能力可以促进财务BP与其他部门之间的协作,确保信息在各部门之间流通,在更全面地了解公司运营状况的基础上,为管理层提供有价值的建议。另外,当财务BP遇到难题要解决时,良好的沟通能力有助于跟相关方更有效的沟通,进而快速找到最佳解决方案。总之,沟通能力对于财务BP至关重要,可以说沟通这个软实力往往比专业技能更加重要。接下来,将详细讨论财务BP如何做好与上级领导、平行部门以及下属的沟通工作。

5.1 如何与上级领导进行沟通

作为一名财务BP,因为各种业务的需要,经常需要跟上级领导汇报工作,这些上级领导包括本公司领导、财务部领导、其他部门领导等。有时,也会涉及与集团内部其他公司或者事业部领导的沟通。

其实,财务BP做好与上级领导的沟通是有很多好处的,包括但不限于以下内容:

(1)通过各类形式的请示、报告等,获得有效资源和授权,为自己争取到更多的工作支持。

(2)可以更好领会领导推动某项工作的真正意图,避免走错方向,防止"干活不由东,累死也无功"的情况出现,有些人付出了很大的努力,最终也不会得到认可和报酬,就是因为不善于沟通或者没有做好沟通工作。

(3)经常性的向上沟通,有利于领导加深对自己的了解,更加容易获得信任,进而获得更多的晋升机会。

(4)向上沟通的同时,其实也是向领导展示自己能力和成绩的过程,让领导感觉你的工作状态在线,为自己营造更好的工作氛围。

接下来,将探讨如何更好地与上级领导进行沟通。

要想做好与上级领导的沟通工作,首先要纠正以下或者类似的口头禅,见表5-1。

表 5-1　纠正错误的口头禅表达

无效表达	错误原因	建议表达
这个应该不属于财务部的工作职责吧	这种口头禅可能给领导留下推诿责任的印象。建议更积极地解决问题	我理解这项任务可能超出了财务部的常规职责,但我们可以探讨如何协调资源或调整工作流程来确保任务的完成
这个是我们财务专业统一的说法	使用这种口头禅可能会让人觉得你过于固执己见,不愿接受其他观点。建议以更开放的态度进行沟通	在财务领域,我们通常有这样的说法。但我也愿意听取您的看法,看是否有更好的方式来表达
这样不是我的错啊,是其他部门或者人员不配合	这种口头禅显得过于指责他人,不利于建立合作和解决问题的氛围。更好的做法是将重点放在解决问题上	我在推进工作时遇到了一些障碍,主要是其他部门或人员的不配合。我认为我们可以一起探讨如何克服这些障碍,确保工作的顺利进行
我站在财务的角度发表一下看法	虽然表明立场有助于清晰表达,但过于强调"我"和"财务角度"可能让领导觉得你在坚持己见,而不是寻求共识。可以尝试更中性的表达	关于这个问题,我想从财务的角度提供一些分析和建议,希望能对决策有所帮助
这个预算太紧了,根本做不到	这种口头禅可能让领导觉得你在抱怨而不是积极寻找解决方案	我理解预算有限,但我会尽力优化支出并寻找成本效益更高的方案
这个报销单据有问题,我不能签字	直接拒绝签字可能让领导觉得你态度强硬,不易合作	我发现这个报销单据存在一些问题,我们一起来看一下如何解决这些问题,确保合规性
这个问题我已经说过了,怎么还没改	这种口吻像是在指责,显得不耐烦,可能让领导觉得你在质疑他们的工作	我注意到这个问题之前已经提及过,但似乎还没有得到妥善解决。我们可以一起讨论一下,看看如何更有效地改进
这个决策对财务不利,我不赞成	直接反对领导的决策可能让领导感到不悦	我理解这个决策的背景和意图,但从财务角度来看,我认为可能存在一些潜在的风险或不利因素。我们可以进一步探讨一下,看看是否能找到更好的平衡点

续上表

无效表达	错误原因	建议表达
这个数据不准确,肯定是其他部门的问题	将问题归咎于其他部门容易引发矛盾和不信任	我发现这个数据存在一些不准确之处,我正在与其他部门沟通核实,以确保数据的准确性
这个项目投入太大,我们不应该参与	过于消极的评估可能让领导觉得你缺乏远见和积极性	我注意到这个项目的投入确实较大,但我认为我们可以进一步分析其潜在的回报和风险,并探讨是否有降低成本的方案,以做出更明智的决策
没办法,只能这样了……	这种消极的口头禅传达出放弃努力的态度,不利于解决问题。相反,应该积极寻找解决方案,并向上级领导展示你的努力和成果	虽然目前面临一些困难,但我已经想到了几个可能的解决方案,我们可以一起讨论一下

财务 BP 在与领导的沟通过程中,一定要谨言慎行,因为每次你讲出的话,领导都会站在他自己的角度对你是否有成熟的职场价值观、是否具备优秀的工作能力、是否保持良好的工作态度、是否有卓越的创新意识等进行综合判断。

1. 与领导沟通的五大原则

除了不要口无遮拦,避免出现以上的口头禅,以免职场发展受阻外,还要掌握与领导沟通的五大原则,以便能够不断提高沟通能力,进一步获得领导的支持和认可。

财务 BP 与领导沟通的五大原则,如下所述。

(1)精准领悟:深入洞悉领导意图。在与领导交流时,财务 BP 要时刻保持敏锐的观察力和深刻的洞察力,准确捕捉领导话语中的核心意图和潜在需求。通过深入了解领导的工作重心和期望,财务 BP 能够提前预判并主动配合,为领导提供更具针对性的建议和支持。这里要注意的是,财务BP千万不要自以为是,感觉自己很专业,对一个事情的看法就一定正确,要知道人与人最大的区别就是思维,思维不在一个层次上,对事物的看法自然不同,所以,一定要学会充分领会领导的意图,把意图背后的动因搞清楚了,就知道话应该怎么说,事情应该怎么做了。

(2)成果导向:高效执行展现佳绩。财务BP要以实现工作目标为导向,通过高效的工作流程和专业的财务技能,确保工作质量和效率。在遇到问题时,应积极寻求解决方案,勇于承担责任,并努力实现预期的工作成果。并且在项目推进过程中,要及时汇报进展,这样更容易让领导感觉一切尽在掌握中。

(3)把控全局:确保工作稳步前行。财务BP要时刻关注工作进度和变化,确保各项工作按照计划有序进行。在面临挑战和困难时,应冷静分析并制定应对措施,确保工作不失控。另外,如果碰到问题,一定要及时报告领导,以便领导判断潜在风险,进而及时决策,防范出现不可控因素导致项目失败。

(4)高效协同:积极响应领导需求。财务BP要积极主动响应领导的工作需求,思维一定要打开,态度一定要端正。因为领导的最大优势就是信息优势,财务BP可能会因为信息差对工作进展和趋势做出误判,这个时候,我们要学会服从领导,毕竟职位不同,站位高度不同,经验也相差甚远,所以要保持开放和透明的态度,积极分享自己的想法和见解,与领导共同推动工作的进展,进而实现工作目标。

(5)忠诚可靠:赢得领导深度信任。财务BP首先要忠诚可靠,才能获得领导的信任和器重。在开展工作时,我们要通过诚信、专业的工作态度和优秀的工作表现与领导建立信任关系,在信任的基础上,沟通中的很多问题也就自然迎刃而解了。

财务 BP 在与上级领导的沟通中,最重要的场景就是汇报工作,这里为了方便大家理解,举个例子进行说明。

> 财务 BP 王发财早上在公司一楼拿着早餐等电梯,这个时候,总经理突然出现在他旁边,他跟总经理问了一声好,之后两人就陷入无声的沉默当中。王发财马上慌张起来,他最怕的就是跟领导汇报工作,不管是正式场合还是非正式场合。
>
> 王发财心里面想着如何跟总经理发起话题。电梯终于来了,王发财跟着总经理进了电梯,同在电梯里面的还有其他同事,王发财还是有些拘谨,想着要说点啥?不说话是不是不太尊重领导?领导会不会认为他这个人太木讷?这个场合应该说点啥?越想越着急,王发财额头已经开始出汗了……
>
> 终于下了电梯,这个时候总经理叫了王发财一下:"王发财,你来我办公室一下。"
>
> 到了办公室,总经理问了一下项目预算的进展情况,结果王发财支支吾吾的半天也没说清楚。总经理很生气,跟他说回去准备好再跟他详细汇报……

以上这个例子就是很多财务人员的现状,精于专业,而不善于汇报。

2. 汇报准备工作的六个方面

下面来具体讲下汇报需要做好哪些方面的准备工作。

(1)充分准备与分析:财务 BP 需要对即将汇报的财务数据、业绩指标、预算执行情况、成本控制措施、风险评估以及财务策略等内容进行深度研究和全面梳理。要确保所有数据准确无误,并根据公司的战略目标、经营状况和发展规划来提炼关键信息。

（2）理解领导风格：对于倾听型领导，财务BP应构建逻辑严谨、层次分明的汇报结构，使用可视化工具如图表、简报等辅助表达，以增强信息的直观性和吸引力。在讲述过程中，注重用简洁明了的语言解释复杂的财务概念，确保汇报既专业又易于理解，避免过于枯燥或技术化。

针对喜欢提问或挑战型领导，财务BP不仅要预测可能被问及的问题，还要针对公司当前面临的财务难点、潜在风险点以及应对策略进行深入分析，并准备好翔实的数据支持和解决方案。这样在面对尖锐问题时能够迅速且自信地回应。

（3）聚焦重点与预期：汇报内容要与公司整体战略和上级领导原定的计划相吻合，突出反映实际运营结果与目标之间的差距，并提出改进措施或调整建议。同时，将近期重要的财务决策及其影响作为汇报的核心部分。

（4）双向沟通：汇报不应仅仅是单方面的信息发布，而应该是一个互动的过程。财务BP需主动邀请反馈意见，了解上级对财务工作的看法和期望，并就重要议题展开讨论，寻求共识与指导。

（5）重视公司需求：在准备汇报材料时，财务BP必须站在公司全局的角度，敏锐捕捉到高层管理者的优先考虑事项，如资本运作、盈利质量、现金流管理、税务筹划等方面，并有针对性地提供具有前瞻性和决策价值的信息。

（6）及时性与持续反馈：对于突发性的重大财务变动或周期性的重要财务数据，要在第一时间汇报。同时，建立常态化的财务报告机制，定期向领导层更新业务动态和财务状况，让领导层能够快速响应市场变化，有效把控公司财务风险和机遇。

3. 掌握沟通工作的三大法宝

财务BP为了做好与上级领导的沟通工作，赢得领导的信任和器重，要掌握以下三大法宝。

（1）重要优先，快速响应关键任务。面对领导交代的任务，都要遵循"重要优先"的原则。这意味着首先要迅速理解这部分任务的核心内容和目标，并基于实际情况灵活调配资源，优先高效地完成任务。对于领导认为至关重要的事项，应当在个人工作计划中明确标注为最高优先级，以确保能够及时、准确且高质量地执行到位。即使面临时间压力和多任务并行的情况，也需将这类任务置于首位，确保其得到充分的关注与投入。

（2）实时反馈，保障信息透明化。及时反馈是保证工作流程顺畅、增强领导信任感的重要环节。在执行任务过程中，主动汇报进展，包括阶段性成果、遇到的问题及解决方案、潜在风险预警等，让领导能实时掌握工作的全貌和动态。通过保持高频率的有效沟通，能够让领导感到一切尽在其掌控之中，从而做出更为精准的决策指导，并有效避免因信息滞后导致的管理困境。

（3）前瞻规划，彰显职业素养。在工作中，展示出良好的计划性和前瞻性至关重要。无论面对的任务是否具备实际操作条件，或是领导提出的未来构想，都应表现出积极的态度和周详的思考。将领导关注的各项事务纳入自己的长期和短期工作计划中，提前布局，做好预案。即使当前不能立即执行，也要表达出对此类事项的深度考量和妥善安排，使领导明白你是一个有条理、有预见性的人，这往往比仅仅完成手头的工作更为重要。因为这种思维方式和工作习惯展现了你的责任感、专业度以及对公司整体战略的深刻理解和有力支持。

5.2 如何与平行部门进行沟通

财务 BP 在日常工作中需要与平行部门进行良好的沟通，以确保其顺利开展各项工作，常见的平行部门包括：

（1）销售部门：是公司与客户之间的桥梁，负责公司的销售和市场拓展工作。财务 BP 需要与销售部门沟通,了解销售数据、客户信用状况以及市场动态等信息,为销售策略的制定和应收账款的管理提供支持。

(2)研发部门:是公司技术创新和产品升级的核心部门,负责推动公司的技术进步和产品研发。财务 BP 需要深入了解研发部门的项目计划、研发进度以及预算执行情况。通过与研发部门的沟通,财务 BP 可以获取研发项目的关键信息,包括项目投入、研发周期、预期收益等,为研发项目的决策提供财务支持和建议。

(3)生产部门:是公司实现产品制造和交付的关键部门,负责将研发成果转化为实际产品,并满足市场需求。财务 BP 与生产部门的沟通对于确保生产活动的有序进行和成本控制至关重要。财务 BP 需要与生产部门保持密切联系,了解生产计划和进度,确保生产活动按照预算和计划进行。通过与生产部门的沟通,财务 BP 可以获取生产过程中的成本数据、生产效率等信息,为生产成本的核算和控制提供支持。

(4)人力资源部门:负责公司员工的招聘、培训、绩效考核等工作。财务 BP 需要与人力资源部门沟通,了解员工薪酬、福利以及人工成本等信息,以便在制定预算和成本控制方面做出合理决策。

(5)采购部门:负责公司的原材料、设备和其他资源的采购工作。财务 BP 需要与采购部门沟通,了解采购成本、供应商管理以及合同执行情况等信息,以确保采购活动的合规性和经济性。

(6)法务部门:负责公司的法律事务和合同管理等工作。财务 BP 需要与法务部门沟通,确保公司财务活动的合规性,同时就合同条款和财务风险等方面寻求法律支持和建议。

此外,根据公司的业务特点和组织架构,财务 BP 可能还需要与其他平行部门进行沟通,以确保财务信息的全面性和准确性,以及业务流程的顺畅进行。通过与这些部门的沟通,财务 BP 可以更好地了解公司的整体运营状况，为公司的发展提供有力的财务支持。

财务 BP 与平行部门进行良好的沟通至关重要，可以强有力地帮助财务 BP 推进落实工作，良好的沟通会带来以下好处：

(1) 财务 BP 与平行部门之间的沟通是确保财务数据准确性和完整性的关键。通过深入、细致的沟通，财务 BP 能够更全面地了解各部门的业务特点和需求，从而更加精准地收集和整理财务数据。这有助于避免数据遗漏或错误，提高财务信息的准确性和可靠性，为公司的决策提供有力支持。

(2) 良好的沟通能力有助于财务 BP 更好地了解公司的业务战略和目标。通过与业务部门的交流，财务 BP 能够深入了解公司的市场定位、竞争环境以及业务发展计划，从而为公司制定更加符合实际的财务策略和计划。这种对业务的深入理解，使财务 BP 在工作中更具前瞻性和针对性。

(3) 财务 BP 与平行部门之间的沟通也是推动跨部门协同合作的重要手段。通过有效的沟通，财务 BP 能够与其他部门建立互信关系，共同解决工作中的问题和挑战。这种协同合作不仅有助于提高工作效率，还能促进公司内部的资源共享和优势互补，推动公司整体业绩的提升。

(4) 良好的沟通能力还有助于财务 BP 更好地应对风险和挑战。在与平行部门的沟通中，财务 BP 能够及时发现潜在的风险因素，并与相关部门共同商讨应对措施。这种及时、有效的风险应对机制，有助于降低公司的风险水平，保障公司的稳健运营。

(5) 财务 BP 的沟通能力也是其个人职业发展的重要因素。一个善于沟通的财务 BP 更容易获得同事和上级的认可和支持，从而有更多的机会参与公司的重大决策和项目。这不仅有助于提升财务 BP 的职业地位，还能为其未来的职业发展奠定坚实的基础。

综上所述，财务 BP 与平行部门沟通能力强，对于其顺利开展工作具有至关重要的作用。因此，财务 BP 应该不断提升自己的沟通能力，积极与平行部门进行交流合作,共同推动公司的财务管理和业务发展。

但是,说起来容易,做起来难……下面举一个例子来说明一下究竟难在哪里。

> 在季度经营会议上,财务BP王发财汇报了公司近期在成本控制方面的情况。他提到,公司主要产品的成本出现了一定程度的上升,主要源于工费的微调,而物料废弃率则与上月基本持平。这一消息引起了与会者的关注。
>
> 生产部门的代表随即发言,他们表示本月生产线上正在实施一系列改进措施,这些措施已经取得了显著成效。不合格产品的比率已经明显下降,同时,新引进的设备也提高了生产效率,使得整体生产速度更快。他们认为,这些积极的变化应该反映在成本上,而不是导致成本上升。
>
> 采购部门的代表也表达了他们的疑虑。他们指出,本月的采购价格已经开始下调,并且已经向高层领导进行了汇报。因此,他们认为财务部门的成本计算可能存在某种问题,导致与实际情况不符。
>
> 面对不同部门的观点和疑虑,财务BP王发财瞬间感觉喉咙干涩,手心冒汗,不知道该如何应对……

以上场景是我们与平行部门沟通中经常会遇到的,很常见的情况。为什么会出现这种冲突的情况呢?就是因为没有掌握平行沟通的要点。

想做好沟通,减少冲突,财务BP要掌握以下平行沟通三大法则:切中要害、找准站位、争取共赢。

1. 切中要害

想要把一件事情说明白,并且与各部门进行有效的沟通,妥善处理问题,要做好以下准备:

(1)深化专业理解：财务 BP 应不断提升自己的财务专业知识，对财务数据、政策法规等有深入的理解和把握。这样，在与平行部门沟通时，能够准确、专业地表达自己的观点和建议，增加沟通的说服力。

(2)拓宽业务视野：除了财务知识，财务 BP 还应了解公司的业务模式、市场情况、竞争态势等，以便更好地理解平行部门的需求和挑战，提出有针对性的解决方案。

(3)精准把握问题：在沟通中，财务 BP 需要敏锐地捕捉问题的核心，直中要害，避免陷入无关紧要的细节讨论。通过深入分析问题，提出切实可行的解决方案，展现自己的实力和价值。

2. 找准站位

财务 BP 要记住一个关键点，即你是站在公司的立场试图解决问题，而不是为了自己方便或某种特定目的。这样做可以获得领导的支持，进而通过领导的力量来打破僵局。简单来讲，只要立场端正，就会有领导出来支持并协助你做事，事情自然也就好解决了。

这里要注意两个方面：一是不要偏离沟通目标，防止被其他部门的语言激怒或者感觉羞愧，要锚定主题，不要被别人带跑话题，就事论事，千万不要偏离主题；二是一定要服从公司大局，财务 BP 沟通的出发点应始终围绕公司的整体利益和战略目标，通过强调共同目标和利益，争取领导的支持和理解，推动跨部门合作和问题的解决；三是要关注对方需求，公司各部门都有各自的利益和立场，财务 BP 要关注平行部门的需求和关切，尊重对方的意见和建议，通过倾听和理解，建立互信关系，共同推动问题的解决。

3. 争取共赢

在与平行部门沟通时，财务 BP 应努力寻找双方的共同利益点，通过强调合作带来的好处,推动双方达成共识和合作。在处理争议和分歧时,财务 BP 应保持客观中立的立场,避免过度偏袒某一方。通过公正、公平地分析问题,促进双方的理解和接受。如果不能一步到位地解决问题,就要学会采用渐进式的方式推动问题的解决,通过逐步达成共识、分步实施计划等方式,逐步推进合作和目标的实现。

掌握了平行沟通三大法则,再继续谈一下前面提到的案例如何来解决。

> 财务 BP 首先可以表明态度,成本计算是一个复杂的过程,涉及多个因素的综合考量,承认可能存在一些误差或遗漏,希望各部门还是要回到主题,现在的关键问题不是算没算错,而是成本确实高了,所以要找到问题所在,并寻求解决方案。自己并没有刻意针对某个部门,开这个会就是因为找不到清楚原因,所以抛出来让大家一起讨论。然后请主持会议的高层领导来指示一下接下来该如何推动该问题解决。一般来讲,作为公司高层领导肯定是要解决成本高的问题的,所以会要求会议后几个部门再对此问题组成联合小组,共同研究数字背后的差异原因,找到问题后,有的放矢地剔除解决举措,之后形成报告跟他汇报。这样做,一方面会化解各种误会,另一方面也不会造成财务 BP 以后的工作不好开展,有利于成本管控工作得到总体推动。

财务 BP 可以参考以上解决问题的思路,应用到自己的工作实践中,通过练就良好的平行沟通能力,持续提升自己的职场竞争力,在公司内部树立自己的威信。

5.3 如何与部门下属进行沟通

财务 BP 与下属之间的有效沟通也至关重要,不仅有助于提高工作效

率,还能促进团队合作,增强员工的归属感和满意度。财务 BP 与下属做好沟通的重要性主要有以下几点:

(1)有利于明确工作目标和期望:通过沟通,财务 BP 可以向下属清晰地传达工作目标、优先级和期望成果,有助于下属理解自己的职责,确保工作方向一致,减少误解和偏差。

(2)有利于提高工作效率和质量:良好的沟通有助于财务 BP 及时了解下属的工作进展和遇到的问题,通过给予指导和支持,财务 BP 可以帮助下属解决难题,提高工作效率和质量。

(3)有利于促进团队合作与协调:财务 BP 作为团队的核心成员,需要与下属保持良好的沟通,以确保团队成员之间的协作和配合。通过分享信息、讨论问题和共同制定解决方案,可以增强团队凝聚力和向心力。

(4)有利于增强员工归属感和满意度:有效的沟通可以让下属感受到尊重和重视,增强他们的归属感和满意度,激发员工的工作积极性和创造力,从而提高员工的忠诚度和留任率。

(5)有利于发现潜在问题和改进机会:通过与下属的沟通,财务 BP 可以及时发现潜在的问题和风险,以及改进工作流程和方法的机会,提高整体运营效率。

虽然很多财务 BP 了解与下属沟通的重要性,但是日常工作中,因为各种原因会导致与下属沟通失败,下面举一个案例来做示范:

> 财务 BP(项目经理)说:"小王,你最近的工作状态让我非常不满意!你负责的财务项目迟迟没有进展,而且其他日常工作也频频出错。你能解释一下原因吗?"
>
> 小王激动地反驳:"你凭什么这么说我?我也在努力工作啊!那个财务项目的数据量巨大,复杂度超乎想象,我已经尽力了!"

财务 BP 愤怒地回应:"尽力了?我看你是根本没有用心!作为财务人员,你应该知道每一个细节都至关重要。你的粗心大意已经给团队带来了很大的困扰!"

小王委屈道:"你怎么能这么说呢?我每天都在加班加点地工作,压力已经很大了。你还这么责备我,让我觉得自己的工作毫无价值。"

财务 BP 严厉地批评:"价值?你现在的工作状态根本谈不上价值!如果你不能调整好自己的心态和工作方法,那么我只能考虑换人了!"

小王听后,愤怒地瞪大了眼睛,他感到被完全误解和冤枉了,觉得自己已经付出了很多努力,但却得不到领导任何认可和支持。

双方陷入了短暂的沉默,气氛异常紧张。

最终,还是小王决定先冷静下来,他意识到与领导的激烈冲突并不能解决问题。他深吸一口气,试图平复自己的情绪,然后重新开口。

小王冷静地说:"我理解你的担忧和不满。我会重新审视自己的工作方法和态度,努力改进。但我也希望你能够给予我更多的支持和理解,毕竟这个项目对我来说也是一次巨大的挑战。"

财务 BP 看到小王的态度有所转变,也稍微缓和了一些语气,说道:"好吧,小王,我希望你能够真正认识到问题的严重性,并付诸行动去改进。我会给你一些时间和机会,但你也需要给我一些具体的成果来证明你的努力。"

虽然双方的冲突并未完全化解,通过小王的退让,双方至少开始了进一步的对话和理解,但是在这段对话中,财务 BP 并没有采用有效的沟通方式。

通过以上案例，我们认识到财务 BP 与下属的沟通是需要掌握一些技巧的，需要注意把握好以下方面：

（1）要注意倾听与理解，积极倾听下属的意见和建议，理解他们的需求和困惑。

（2）要注意表达的明确性与简洁性，用简洁明了的语言传达信息，避免使用过于复杂的术语或模糊的表达。

（3）要注意及时反馈，对下属的工作给予及时的反馈和评价，以便他们了解自己的工作表现并进行调整。

（4）要注意尊重与信任，尊重下属的个人差异和观点，建立信任关系，以促进更加开放和坦诚的沟通。

另外，针对不同年龄段的员工，要注意他们的不同特点，采取不同的沟通方式，才能取得更好的效果。财务 BP 在针对不同年龄段的员工进行沟通时，需要注意以下几点：

（1）在与年轻一代的员工沟通时，要更多使用非正式、轻松的沟通方式，如社交媒体、即时通信工具等，以便更好地与他们建立联系和互动。年轻一代员工可能更加注重个人表达和观点被尊重的程度，更加注重在职场中实现自身价值，因此，财务 BP 在与他们沟通时，应认真倾听他们的想法和意见，并及时给予反馈，以显示对他们观点的尊重和认可，并且要关注其个人成长和发展，在沟通时，可以强调公司提供的培训、晋升机会等，以激发他们的工作热情和积极性。

（2）在与中年员工沟通时，因为中年员工通常具有丰富的工作经验，他们在公司中往往具有一定的权威，交流时应尊重他们的经验和观点，避免过于直接或冒犯性的言辞。另外，中年员工可能更加注重工作的稳定性和效率，财务 BP 在与他们沟通时，应明确表达工作目标和期望，以便他们能够更好地理解并执行工作任务。此外，中年员工可能面临更多的家庭和生活压力，因此可以关注他们工作与生活的平衡问题，提供必要的支持和帮助，以减轻他们的压力。

（3）在与距离退休年龄较近的员工沟通时，要理解他们是公司宝贵的财富，他们为公司的发展做出了巨大贡献，在沟通时应表达对他们的尊重，平时多对他们表达其健康方面的关怀。如果能够团结好这些员工，财务BP在做相关工作时就会容易很多，因为其对公司的历史和人员情况都非常了解，在一些难度较大的事情或者拿不准的事情上，可以多向其请教，往往有意想不到的效果，我们常说"姜还是老的辣"，就是这个道理。

总的来说，财务BP在针对不同年龄段的员工进行沟通时，应尊重他们的特点和需求，采用合适的沟通方式和策略，以建立有效的沟通渠道和合作关系，同时，也要关注员工的个人成长和发展规划，为他们提供必要的支持和帮助，做好项目团队的团结工作，才能做到众人拾柴火焰高，进而高效有力地推动工作落地。